2023 年甘肃省科技计划项目：甘肃省民俗体育旅游资源开发模式研究
（项目编号：23JRZA455）

民俗体育旅游资源开发与保护研究

汪波　著

中国商业出版社

图书在版编目（CIP）数据

民俗体育旅游资源开发与保护研究 / 汪波著.
北京 : 中国商业出版社, 2025. 8. -- ISBN 978-7-5208-3553-4

Ⅰ. F592.3

中国国家版本馆CIP数据核字第2025PW0121号

责任编辑：吴　倩

中国商业出版社出版发行
（www.zgsycb.com　100053　北京广安门内报国寺 1号）
总编室：010-63180647　编辑室：010-83128926
发行部：010-83120835/8286
新华书店经销
北京厚诚则铭印刷科技有限公司印刷
*
710毫米 ×1000毫米　16开　10.5印张　186千字
2025年8月第1版　2025年8月第1次印刷
定价：58.00 元
* * * *

前　言

随着经济高质量发展，人们物质生活日益丰裕，旅游消费在总消费中的占比持续攀升。体育旅游凭借促进经济发展、提升地方形象与知名度的双重效能，深受广大人民群众的喜爱。其中，民俗体育旅游因融合了民俗体育和旅游两大要素，以具有地方特色的民族风情体育项目运动和竞赛为主要内容，日益受到消费者青睐，呈现蓬勃发展之势。因此，民俗体育旅游资源的开发与保护也备受行业关注。传承保护民俗体育文化、积极开发整合民俗体育旅游资源、打造地方特色民俗体育旅游品牌已成为地方经济社会发展的新引擎。民俗体育旅游资源的合理开发利用，不仅可以拉动地方经济的发展，助力民间传统体育文化的传承，还能促进民族团结与和谐发展。本书通过对民俗体育旅游资源开发与保护进行研究，旨在为民俗体育旅游资源开发利用提供新的模式与思路，为我国民俗体育文化的发展提供借鉴与参考。

本书在分析民俗体育旅游发展现状、民俗体育与旅游资源的融合路径、民俗体育的功能价值以及民俗体育旅游的类型与发展机制的基础上，深入探究了民俗体育旅游高质量发展的困境与突破策略，以及民俗体育旅游资源开发的现实状况。本书提出民俗体育旅游资源开发的三大策略：一是丰富民俗体育项目，重点介绍了甘肃省非遗项目锅庄舞、万人扯绳赛、马衔山秧歌等；二是拓宽资源开发视域，从乡村振兴视角、非遗保护视角、“互联网＋”视角展开研究；三是提升民俗体育文化，探讨了民俗体育文化资源整合及文化强国建设对民俗体育文化传承的推动作用。此外，本书介绍了北京天桥民俗体育项目发展与文化保护，分析了甘肃省民俗体育旅游资源开发的困境并给出了解决对策，研究了嘉峪关霸王鞭的传承与现代化发展，探讨了地方民俗体育数字化保护路径。

在撰写本书的过程中，作者借鉴和参考了许多专家学者的最新研究成果，在此一并表示感谢。由于作者水平有限，不当之处在所难免，恳请广大读者多提宝贵意见，以便对本书进行修改和完善。

作　者

2025 年 2 月

目　录

第一章　导　论

第一节　国内外民俗体育旅游发展研究综述

一、国内民俗体育旅游发展研究现状

（一）相关政策

2014年10月2日，国务院印发《关于加快发展体育产业促进体育消费的若干意见》。该意见明确强调各地要立足实际发展体育产业，建设一批符合市场规则、具备较强竞争力的体育产业基地，建立区域间协同发展机制，形成东西部体育产业良性互动的发展格局。同时，提升长江三角洲、珠江三角洲、京津冀以及海峡两岸地区的体育产业集群的发展水平，鼓励和支持中西部地区充分利用江河湖海、山川、沙漠、草原、冰雪等特色资源优势，发展独具区域特色的体育产业。

2015年11月22日，国务院办公厅发布《关于加快发展生活性服务业促进消费结构升级的指导意见》。文件中倡导大力推动体育服务行业的发展，提升体育消费服务，重点发展健身休闲、竞赛表演、场馆服务及中介培训等体育服务领域，推动体育与相关产业的融合，促进体育旅游、体育媒体、体育展览等相关形式的综合发展。

2018年9月，国务院发布《乡村振兴战略规划（2018—2022年）》。文件中提出推动乡村文化的繁荣，重视发展具有地方特色的文化产业。这为民俗体育旅游的发展创造了机会。

2019年9月17日，国务院办公厅印发《关于促进全民健身和体育消费推动体育产业高质量发展的意见》，鼓励体旅融合发展，探索把体育旅游产品纳入国家及行业旅游度假区标准体系，实施体育旅游精品示范工程，培育一批国家体育旅游精品线路、赛事和示范基地。文件指出，全民

健身和体育消费是推动消费升级的重要因素，强调在新环境下要全力做好体育产业发展的要素保障，激发各类消费潜力，大力发展体育产业，使其成为国民经济新的重要支柱性产业。同时，积极倡导全民参与健身运动，让经常性参与体育锻炼成为全民自觉的生活方式。

2021年12月22日，国务院发布《"十四五"旅游业发展规划的通知》。规划提出结合体育活动和民俗文化发展特色文创产品、旅游商品。

2022年7月5日，国家体育总局在《关于体育助力稳经济促消费激活力的工作方案》中提到，要深化体育与旅游的融合，认定若干国家体育旅游示范基地和国家级滑雪旅游度假地，并向公众推荐一批安全、健康、便捷且高质量的国庆和春节假期体育旅游精品线路。

2023年5月22日，国家体育总局与国家发展改革委员会印发《关于推进体育助力乡村振兴工作的指导意见》，强调体育赋能农业繁荣，提出打造乡村体育新业态新模式，拓展"体育＋文旅＋农业"模式，促进乡村增收富民。

在国家政策的强力扶持下，依托我国丰富的民俗体育旅游资源，民俗体育旅游具备了优越的发展基础。国家政策的支持推动了民俗体育旅游的迅速发展，不仅满足了地方社会经济发展的需求，也契合国家未来文化旅游业的发展目标。目前，民俗体育旅游已经在我国的许多地区蓬勃发展，其带来的经济效益和社会效益也得到了广泛认可。但在产业化发展过程中，也面临亟待解决的问题。在此背景下，探索民俗体育旅游的发展模式以及可持续发展的路径具有重要意义。

（二）民俗体育旅游资源的研究

目前，我国民俗体育旅游资源和项目开发与保护的研究主要集中在资源和项目的类型、价值、开发原则、保护与管理等方面。

从研究方向来看，学者主要是从两大方向展开探讨：一是对民俗体育旅游资源和项目的价值进行研究，二是对其开发原则和开发策略进行研究。

从研究内容来看，研究可分为纵向和横向两个方面。纵向研究中，学者从多元视角对不同类型的民俗体育旅游资源和项目展开分析，也从不同方面对其开发与保护问题进行探讨；横向研究中，学者则聚焦于不同区域，探讨区域内不同地方的民俗体育旅游资源和项目开发与保护问题。

总体来说，国内对民俗体育旅游资源开发与保护的研究已取得了一定的成果，推进了学术交流，但仍存在研究深度不够、缺乏具体解决策略等问题。

（三）民俗体育旅游发展模式的研究

现阶段，我国民俗体育旅游发展模式的研究主要有两种类型：一种是依托自然旅游资源，以“民俗体育”为主题，打造旅游景区，如马洪涛、蔡建民、谢新洲、徐冬梅、李爱君等学者的研究都有相关内容；另一种是以“体育旅游”为主题，依托民俗体育旅游资源优势，开发体育旅游产品，如陈静、何爱萍、刘学辉等学者的研究对此均有涉及。

此两种模式都具有鲜明的特色和优势，但也存在一些不足。第一种模式存在着明显的“趋同化”现象，即同一地区的不同区域或同一区域内不同地区都存在着相似的民俗体育旅游产品。第二种模式主要存在“同质化”现象，即同一地区在同一时间段内开发出的产品之间缺乏明显差异。要创新民俗体育旅游发展模式，就要在“趋同化”现象和“同质化”现象基础上寻找差异性，让民俗体育旅游产品在开发过程中始终体现“差异化”特征，打造全新的民俗体育旅游发展模式。

二、国外民俗体育旅游发展的研究现状

民俗体育旅游作为融合体育运动与民俗文化的特色旅游形式，逐渐成为国内外的新民俗旅游现象及重要的旅游产品，它不仅有利于旅游业的发展，也有力地推动了区域民俗文化的有效保护、传承及发展。民俗体育旅游既是不同文化群体体验当地民俗、习俗的重要载体，也是借助旅游文化优势给所在城市社区经济注入活力、拓展文化发展空间的有效途径。研究国外民俗体育旅游的发展现状，有助于把握当前民俗体育旅游全球化的发展趋势，促进全球范围内的融合交流与发展。

（一）主要研究内容

国外对民俗体育旅游发展的研究主要集中在以下几个维度。

1. 多元文化交流

在国外的民俗体育旅游研究领域，更多聚焦于不同文化背景下，体育活动如何实现不同文化的交流和认知。研究者从展示、体验不同民族的传统习俗，以及开展具有促进文化多样性和包容性的活动的角度切入，展开多元文化交流路径的研究。

2. 经济效益

围绕民俗体育旅游的经济价值展开研究，研究其在带动当地就业、增加经济收入、完善旅游设施等方面做出的贡献，主要涉及对民俗体育旅游活动经济影响的量化分析，以及对当地社区的可持续性影响等的探究。

3. 可持续与发展

国外还开展了关于民俗体育旅游的可持续性、对环境的影响以及文化遗产保护的研究。重点关注在发展旅游业的同时，如何保护和维持民俗体育所处的自然环境和文化环境。

4. 社会影响力评价

主要考察民俗体育旅游对当地居民生活方式的影响、居民参与的程度、性别平等程度的改善等社会层面的影响。研究者高度关注民俗体育活动是如何帮助提高社区生活质量，以及增强社区成员的自豪感和归属感的。

（二）主要研究案例类型

国外民俗体育旅游研究案例主要包括以下几种。

1. 节事活动＋体育旅游

这一类研究中对于民俗节事活动与体育赛事的关联探讨较多，如针对马拉松、传统舞蹈比赛等体育赛事，研究节事活动对旅游业和当地经济发展的影响。

2. 传统体育项目的开发

这一类研究中，主要分析如何将传统体育项目转化为吸引游客的旅游产品，例如日本的相扑、印度的卡巴迪等传统体育项目如何被开发为旅游产品。

3. 民俗体育与健康旅游

这一类研究针对民俗体育活动如何结合健康旅游为游客提供专项健体服务，助力当地健康旅游产业发展等方面展开。

第二节　民俗体育与旅游资源融合分析

民俗体育是指民间流传广泛并深受大众喜爱的体育活动，它是在适应和满足人们多元化需求的过程中，不断发展演变而逐步形成的一种文化现象。民俗旅游则是以一定的地区、民族的传统民俗习俗作为资源，进行开发利用的旅游项目。将民俗体育与旅游产业融合，需在对民俗体育深入了解的基础上，对其进行开发、利用，并通过游客的观赏、参与来满足旅游需求的一种经济文化活动。民俗体育与旅游资源的融合对推进地方经济持续发展、促进产业结构调整和社会转型都具有积极的意义，也是民俗体育文化发展的必然途径。在经济全球化飞速发展的背景下，民俗体育资源只有在旅游产业合理配置的条件下，才有可能实现社会经济效益的良性循环，这是相关产业经济活动要遵循的发展原则。下面以甘肃省为例，简述民俗体育与旅游资源融合的动因与融合过程中的举措。

一、甘肃省民俗体育与旅游资源融合的动因分析

甘肃省民俗体育与旅游资源融合的动因是多方面的，主要包括以下方面。

第一，经济发展。甘肃省认识到民俗体育与旅游资源的开发可以助推地方经济的发展，开展体育旅游，可以吸引更多游客，增加旅游收入，带动餐饮、住宿、交通等其他关联行业的发展，助力地方经济建设。而且，民俗体育活动的开展，能够提高甘肃省知名度，吸引海内外投资，推动经济结构调整优化。

第二，文化需求。随着社会经济的发展，人民群众对精神文化生活的需求不断提升，民俗体育与旅游资源相结合可以丰富文化旅游产品，满足人们对健康、休闲、娱乐等的需求。同时，也有利于传承与弘扬甘肃省民族传统文化，增强当地民众的民族文化自信，促进社会和谐发展。

第三，生态资源保护。甘肃地域广阔，风景优美，生态资源丰富，民俗体育活动的开展、民俗体育资源与旅游资源的有机结合，能够带动生态旅游资源的发展。开展户外民俗体育活动时，游客可以在享受自然美景的同时增强环保意识，还能促进生态环境的保护和可持续发展。

第四，政策扶持与引领。甘肃省人民政府出台了一系列政策，支持民俗体育与旅游资源融合，政策的扶持与引领为民俗体育旅游的发展创造了良好的环境，在资金支持、减免税收、基础建设等方面给予了优惠，为甘肃省民俗体育旅游的发展奠定了坚实基础。

第五，国际性交流与合作。甘肃省通过与“一带一路”合作伙伴开展传统体育和旅游资源的互动交流与合作，提升了自身的国际知名度，同时借助大型的国际化民俗体育赛事与旅游活动，展示自身的民俗文化，吸引更多国际游客，促进文化旅游业的国际化发展。

第六，科学技术与运用。科学技术为民俗体育与旅游资源融合发展提供了技术支撑。甘肃省通过大数据、云计算、移动互联等现代信息技术，开发推广民俗体育旅游产品，优化旅游服务，提升游客旅游体验。

第七，旅游市场和消费升级。随着消费能力提升，人们对旅游产品的个性化、多样化需求在逐步增长。民俗体育与旅游资源的结合，可以带来特色鲜明的旅游体验，满足游客对特色旅游消费的需求，从而带动旅游消费升级。

第八，乡风民俗体育与乡村旅游。依托乡风民俗体育推动乡村振兴、城乡统筹发展。乡村旅游不仅是农村经济发展的重要动力，也是城乡文化交流的重要载体，更是提升农村地区文化软实力的重要途径。

第九，品牌塑造和市场竞争力。打造独具特色的民俗体育旅游品牌，可提升市场竞争力。甘肃省可以举办民俗体育比赛及节庆等活动，塑造独特的旅游形象，吸引更多游客，增加旅游市场份额。

第十，人才培养服务化。加强人才培训教育，注重人才培养的服务化。甘肃省可以通过向游客提供更高的专业化服务，提升游客满意度，促进旅游事业健康发展。

总体来说，甘肃省民俗体育与旅游资源融合的动因是多维度的，涵盖了经济、社会、文化、生态、政策、国际交流、科技、市场、乡村振兴、品牌、人才培养等多个方面，这些因素相互作用、协同发力，推动了甘肃省民俗体育与旅游资源融合的进程，为文化旅游业发展注入了新的活力。

二、甘肃省民俗体育与旅游资源融合的促进措施

（一）政策引导与规划

甘肃省为促进民俗体育与旅游资源融合，进行的政策引导与具体规划包括如下几点。

1. 政策制定及落实

甘肃省人民政府颁布了《关于推动文化和旅游深度融合实现高质量发展的实施意见》。该文件聚焦加速推动文化资源整合与旅游产业融合，旨在提升旅游业发展综合竞争能力，并明确了发展目标、工作重点和保障办法，为民俗体育旅游资源融合发展提供了政策支撑和方向指引。

2. 文化旅游发展规划

甘肃省文化和旅游厅发布了《甘肃省“十四五”文化和旅游发展规

划》，提出了“十四五”期间文化事业、文化产业和旅游业发展的总体思路、空间布局、重点任务和保障措施，强调了文化事业、文化产业与旅游的融合，以及文化旅游产品供给的提质升级。

3. 旅游业发展具体方案

甘肃省人民政府办公厅印发了《甘肃省“十四五”旅游业发展实施方案》，明确了“十四五”期间甘肃旅游业发展的具体目标，提出了做好旅游空间布局优化、加快推动一批国家旅游项目、强化“旅游+体育”产品体系建设等方面的工作部署，将民俗体育与旅游资源融合发展摆在了突出位置。

4. 乡村旅游发展规划

甘肃省文化和旅游厅制订并发布了《甘肃省“十四五”乡村旅游发展规划》。该规划设定了乡村旅游发展的目标和任务，内容涵盖新创建国家级乡村旅游重点村及省级乡村旅游示范县，培养一批乡村旅游合作社和领军企业，促进乡村旅游与民俗体育的深度融合。

5. 资源普查与保护

甘肃省开展了旅游资源调查工作，全面摸清了旅游资源的详细情况，旨在提升其保护、利用和管理水平，并为民俗体育与旅游资源的融合提供基础数据和科学支持。

甘肃省通过上述政策引导与规划，有效推进了民俗体育与旅游产业的融合，为文旅产业高质量发展奠定了坚实基础。

（二）资源融合与产品创新

甘肃省为促进民俗体育与旅游资源融合采取了资源融合、产品创新措施，具体如下。

1. 整合利用文化旅游资源

甘肃文化旅游资源类型丰富多样，涵盖历史人文旅游资源和自然景观资源。在政府引导下，甘肃加快对文旅资源的融合发展和转化，打造系列文化旅游精品项目，建设丝路国际旅游目的地，力促甘肃成为全世界著名文化旅游胜地。《关于推动文化和旅游深度融合实现高质量发展的实施意见》中也明确，要整合利用全域旅游文化旅游资源。

2. 创新开发文化旅游产品

甘肃省文化和旅游厅积极推进“文化与旅游”模式创新，支持具备条件的县区建立国家级文化产业与旅游产业融合发展示范区。此外，推动形成“文旅+”全产业链发展的新格局，积极发展生态旅游，以项目为抓手，提升产业的核心竞争力、吸引力和创新力。

3. 打造体育旅游品牌

大力推动体育和旅游的深度融合，打造以“运动项目为基础，结合观光旅游和文化体验”为特色的体育旅游品牌，如戈壁徒步、山地越野跑、户外露营、自行车骑行等。这些项目不仅为运动爱好者提供了高品质体验，还推动了旅游供给侧的改革。

4. 创新提升乡村旅游产品

以乡村振兴与绿色发展为切入点，挖掘乡村自然景物、风俗文化、文化遗迹以及生产生活中的创新点，开发乡村旅游元素，推进乡村旅游产品创新。通过乡村旅游基础设施的建设，提升乡村旅游质量，实现乡村旅游高质量发展。

5. 文旅产业类项目招商引资

甘肃省储备了一批文旅产业项目，既有传统的文化旅游景区项目，也有体育旅游、乡村旅游等新兴项目，为文旅产业加快发展奠定了良好基础。

（三）基础设施建设与服务提升

民俗体育和旅游资源开发只是基础，旅游设施完善和服务优化才对提升旅游品质、推动地方旅游业发展、保护传承文化遗产等意义重大。

1. 甘肃省在基础设施建设方面采取的具体措施

（1）交通网络的完善与发展。随着兰新高铁、兰渝铁路、宝兰高铁等重要交通工程的相继开通，甘肃省铁路、公路与航空相结合的立体交通网络得到了进一步的完善，使旅游资源能更为方便地展示给游客。同时，甘肃省还规划构建“铁公机”有机结合以及“自驾+铁路+航空”无缝衔接的全省旅游交通体系。

（2）旅游景区的建设与提升。甘肃省启动了一系列全域旅游项目，如祁连山景观大道、贺兰山至六盘山甘肃段风景道等，提升了旅游景区的基础设施水平。此外，甘肃省加速发展旅游中心城市，如兰州—白银国家级旅游枢纽城市，以及张掖、天水、陇南等主要旅游城市的建设。

（3）乡村旅游设施的改善。甘肃省重点开展乡村旅游示范县、文化旅游振兴乡村典范村、乡村旅游精品线路和集聚区的开发，加大对乡村旅游景观道、休闲驿站、停车设施、旅游卫生间、自驾游服务设施等公共旅游服务项目的建设力度，提升综合服务的基础能力。

2. 甘肃省在服务提升方面的具体措施

(1) 智慧旅游系统的建设。积极推动以线上服务、审批流程、人员培训、行业监督、游客流量监控及风险隐患管理为核心的旅游行业运营管理、安全监控和公共服务等智能化系统建设，提升了旅游服务的便捷性和体验感。

(2) 旅游服务的标准化与提升。研究制定乡村旅游服务规范，优化乡村旅游景区、旅游示范镇、旅游专业村和农家乐的评级与退出机制，加强对乡村旅游从业人员的培训，提高服务的质量和水平。

(3) 文化旅游商品的开发。通过创新设计文化旅游产品，进一步丰富和完善“一包如意走丝路”系列文创产品，培育出一批在文化旅游商品的研发、生产和销售方面具有领导地位的企业，提升大众化自助旅游服务的功能。

民俗体育在与旅游资源相融合的过程中，既实现了设施的改善和服务质量的提升，又为游客提供了更加丰富与便捷的旅游体验，为当地经济发展注入了新动力。

(四) 市场主体培育与品牌建设

甘肃省在民俗体育与旅游资源融合实践中，采取系列措施进行市场主体培育与品牌建设，以推动旅游业的全面发展。

1. 市场主体培育方面

(1) 支持企业发展。鼓励和支持旅游企业和相关市场主体发展壮大。政府通过政策和资金的扶持，培育出一些在国际上具有影响力的大型旅游集团，同时促进中小微企业走特色化和专业化成长路径。

(2) 促进乡村旅游发展。推动乡村旅游与民俗体育的深度融合。引进专业设计团队和鼓励市场主体投资开发乡村旅游，打造一批彰显地方特色的乡村旅游示范村和田园综合体。

(3) 发展文化创意产业。增强文化创意园区的影响力，提高文化产业示范园区（基地）的建设质量，推动文创产业向规模化、集约化和专业化方向发展，丰富文化旅游商品，推动旅游购物消费升级。

2. 品牌建设方面

(1) 培育文化旅游品牌。打造“交响丝路·如意甘肃”等独具地方特色的文化旅游品牌，提升甘肃的旅游吸引力和知名度，政府通过举办丝绸之路（敦煌）国际文化博览会和敦煌行·丝绸之路国际旅游节等节事活动，强化传播推广力度，提高本地文旅品牌知名度。

（2）推广特色旅游产品。积极推动以敦煌文化、丝绸之路文化、黄河文化和长城文化为核心的文化研学产品，同时开发自然生态研学产品，构建一批主题明确、课程优质、管理规范的研学教育示范基地。

（3）提升旅游服务质量。建立服务标准，加大从业者培训力度，提升乡村旅游的服务质量和水平，完善大众化自助旅游服务功能。

上述举措驱动甘肃民俗体育与旅游资源的融合发展，培育了多元化的市场主体，打造了大批具有影响力的旅游品牌，为当地经济发展注入了新的动能。推动“旅游＋”“＋旅游”产品体系建设，以旅游彰显文化，以文化赋能旅游，促进文化与旅游融合的发展和创新；推进科技、教育、体育、交通运输、商贸等产业向旅游业转移，丰富旅游产品供给，打造大旅游产业体系；加大入境旅游推广，推进宣传推广体系建设，开展“交响丝路·如意甘肃”全球推广计划，提高品牌宣传的力度，促进了市场客体培育与品牌建设。

（五）文化传承与社会参与

为促进民俗体育与旅游资源融合，甘肃省在文化传承与社会参与层面采取了如下措施。

1. 非物质文化遗产的保护和传承

甘肃省民俗体育的非物质文化遗产种类非常丰富，如万人拔河、缠海鞭杆等。这些民俗传统体育活动既是文化遗产的重要内容，也是非物质文化遗产的表现形式。甘肃省将这些民俗传统体育纳入非物质文化遗产名录，使这些优秀的传统文化遗产得到有效保护和传承。

2. 民俗体育活动广泛普及

有组织、有计划开展如赛马、摔跤、锅庄舞等民俗体育活动，不仅展现了民俗文化的魅力，还吸引更多的民众参与其中，拓宽了传播范围。

3. 教学与培训

开展学校与社区民俗体育教育，通过教学实践课与体验，让更多的群众了解、学习民俗体育，培养民俗体育新传承人。

4. 社会参与与志愿服务

积极吸引社会各界力量参与民俗体育的保护与传承，以志愿服务、社区活动为载体，引导群众亲身体验民俗体育，深化社会对民俗体育的价值认同与参与热情。

5. “媒体宣传＋市场营销”

利用各类媒体进行民俗体育项目的宣传，通过市场化运作，将民俗体育作为旅游产品的一个单元进行推广，吸引更多的旅游者深度参与。

6. 政策支持与经费投入

甘肃省政府出台了一系列的政策，以资金为基本手段，积极引导社会资本参与民俗体育与旅游资源结合的项目，为甘肃民俗体育的传承与发展提供资金保障。

（六）科技应用与创新发展

在民俗体育与旅游资源融合的进程中，科学技术的应用与发展成为不断提升旅游业质量与效益、丰富旅游产品种类、构建完整的旅游产业体系的核心动力。

1. 智慧旅游建设

甘肃省大力推进旅游景区的智能化升级，搭建多渠道在线预约、分时段管控系统，提高景区运营效率。部署4A、5A景区监测设备，建设大数据平台，依托智能调度系统优化资源配置，科学调控游客流量，提升游客旅游体验。

2. 科技创新体系建设

甘肃省加强科技创新体系的建设，促进旅游业与科技的深度融合。例如，开发数字化体验旅游产品，利用VR、AR、混合现实及虚拟场景技术，打造交互化及沉浸式旅游场景；提升旅游装备技术水平，发展旅游夜间装备、旅居车、营地设施等产品，满足个性化消费需求。

3. 数字化旅游产品供给

注重开发数字化旅游产品，推动文化和旅游资源的数字化转型。以“陇原文化旅游E计划”为抓手，推动优质网络游戏和手机游戏等数字产品的开发，整合线上线下资源，培育旅游网络主播职业化生态，拓展旅游新业态。

4. 科技引领旅游业创新

加强科技引领，促进旅游业创新，落地“一部手机游丝路”“云游甘肃服务升级”等旅游科技创新项目，推动科技型旅游企业发展和科创园区建设，开展数字旅游服务智慧化、旅游科技产学研服务平台建设等方面的研发工作。

5. 红色旅游智慧产业链建设

建立红色旅游智慧产业链系统，以大数据为技术手段，通过网络化共享和智能化协作，提高红色旅游品牌效应，深入挖掘红色文化的当代价值，讲好红色故事，增强红色旅游吸引力。

6. 体旅产品体系创新

依托地形地貌多元化的优势，借助体育训练基地，实现体旅产业的融合发展。运用智能穿戴设备、运动数据分析等科技手段，丰富和提升体育旅游产品的体验性和安全性，研发多元化体育旅游产品。

（七）生态保护与可持续发展

甘肃省采取的生态环境保护措施具体如下：第一，建立生态环境分区管控体系，根据不同区域的不同生态环境条件和承载容量，合理划分利用，科学安排旅游活动，避免对生态环境资源造成破坏。第二，优化产业发展，以与生态环境保护相结合的形式对旅游业进行布局，推动旅游业绿色低碳发展，避免旅游产业的过度发展对自然资源造成浪费和破坏。第三，升级改造传统产业，促进民俗体育和旅游业的发展，同时加强保护传承民族文化。第四，加大绿色环保产业的发展力度，大力推广环保材料及技术，推动绿色环保发展。第五，优化能源的开发利用，加大清洁能源的推广力度，减少化石能源使用，降低旅游活动中环境污染。

甘肃省采取的可持续发展措施包括以下几点：第一，打造包括国家公园、自然保护区在内的各类生态旅游项目，以绿色生态旅游促进经济发展，维护生态环境。第二，重视对历史文化的保护，积极修复和保护历史遗迹，如历史文物和传统村落，结合民俗体育运动，为旅游产品增添文化和生态元素。第三，推广绿色旅游理念，倡导绿色出游方式，如徒步旅游、自行车旅游等，减少汽车的使用，减少二氧化碳排放，保护生态环境。第四，加强生态环境保护教育，增强公众环境保护意识，倡导公众参与绿色生态保护。第五，提升生态文明建设示范效应，打造生态文明建设示范区和“绿水青山就是金山银山”实践创新基地，让生态文明建设深入人心。

第三节　研究民俗体育旅游资源开发的意义

民俗体育旅游作为一种高层次的旅游活动形式，以其新颖、独特的风格赢得了广大旅游者的青睐。然而，随着民俗体育旅游地与资源的开发，也出现了诸多现实的问题，例如，过度开发使民俗体育旅游资源遭到严重破坏；过度商业化扭曲了民俗体育旅游资源的原始性；外来文化加速了旅游地传统文化的变异；盲目仿造使民俗体育旅游资源失去本真性等问题频现。因此，对民俗体育旅游资源合理有效地开发和保护已迫在眉睫。

一、民俗体育旅游资源开发研究的理论意义

全民健身关乎国家强盛和民族复兴，没有健康的身体，就不可能有强大的国家和先进的民族。民俗体育旅游深受大众喜爱，具有广泛的群众基础，是大众化的休闲娱乐活动之一。民俗体育旅游项目的开发，既要立足长远，也要兼顾短期的利益，走可持续发展之路，才符合我国实情。所以，要对民俗体育旅游资源的开发进行系统全面的研究，使其与时俱进。对民俗体育资源的研究与开发，有利于中华传统文化精髓的传承，提升国民文化涵养，增强国家文化软实力，对中华传统文化的转化创新与传承发展具有重大意义。

目前，伴随我国体育旅游的强劲发展势头，学术界对体育旅游资源开发、民俗体育旅游的相关研究也渐趋深入，但针对民俗体育旅游资源开发方面的研究仍存在不足，深入研究的成果并不多。开展民俗体育旅游资源开发的研究，旨在开发民俗体育项目、传承民俗体育文化、促进民俗体育旅游可持续发展，进而丰富民俗体育旅游资源开发与保护研究理论，为实践开展提供指引。

二、民俗体育旅游资源开发研究的实践意义

（一）促进刺激性消费，保持国民经济增长

改革开放四十多年来，我国的经济实力和综合国力发生了翻天覆地的变化，随着生活水平从解决温饱迈向全面小康，人们更加注重精神消费，旅游消费已成为人们当前主要的消费需求。这既是人民生活质量提升的一种反映，也说明旅游业在国民经济发展中占有非常重要的地位，对国民经济的发展具有深远的影响。

旅游业具有拉动经济增长的作用。自 2013 年提出“一带一路”倡议，历经 5 年的发展，到 2017 年，“一带一路”已经成为中国国内发展愿景规划和国际合作倡议的重要组成部分。在此背景下，作为致力于经济发展转型的大国，我国更应该采取有效措施，尤其要扩大投资、刺激消费等。随着居民消费力快速提升，如何引导居民将储蓄转化为消费，关乎国民经济的发展。民俗体育旅游项目凭借其自身特点与魅力，呈现出多样性功能。积极开发民俗体育旅游资源，能吸引更多游客，促进游客身心的和谐发展，带动经济社会的发展，在大力发展民俗体育旅游资源的同时，可带动其他产业发展，从而促进消费，推动我国国民经济稳步前行。

（二）创造劳动就业机会

旅游产业就业容量大，可挖掘潜力足，关联带动性极强，就业方式灵活且包容性高，属于劳动密集型行业。2007 年旅游业收入 10957 亿元①，2023 年旅游业收入更是增至 49890 亿元②，从侧面反映了旅游市场的庞大。此外，旅游业吸纳就业人数增长迅猛，而且由于旅游产业涉及的领域宽泛，因此需要各种类型的人才，涵盖了高学历高素质的人才和普通劳动力群体。普通劳动力需求的增长可直接满足再就业人员、乡村人员、弱势群体的就业需求。此外一些景区还会根据季节的变换而增加用工岗位，创造了更多的就业机会。民俗体育旅游具有浓郁的地方特色，开拓此类项目需要大量的人力支持。所以，积极发展民俗体育旅游资源，能为社会创造更多的就业机会。

（三）促进其他产业发展，优化国民经济结构

就现今社会发展态势看，第三产业的发展状况对国家经济环境有着重要影响。民俗体育旅游作为旅游产业的一支，也是第三产业的一部分。发展它可将其中蕴含的经济价值充分挖掘出来，并朝着创造经济效益的方向努力。通过培育民俗体育市场经营主体，并与旅游企业等开展合作，可以有效吸引民间企业对民俗体育旅游进行投资。民俗体育旅游资源开发能够

---

① 旅游局发布 2007 年旅游业统计公报 总收入 10957 亿［EB/OL］.［2008－09－16］［2025－01－07］. https：//www.gov.cn/gzdt/2008－09/16/content_1096575.htm.

② 2023 年全国旅游及相关产业增加值占 GDP 比重为 4.24%［EB/OL］.［2024－12－30］［2025－01－07］. https：//www.gov.cn/lianbo/bumen/202412/content_6995273.htm.

为其他产业的发展提供依托，持续优化我国的国民经济结构，保障经济的持续、快速、健康发展。

（四）促进各省文化交流

旅游是文化与经济深度融合的重要活动方式之一。民俗体育旅游作为根植于民俗体育资源的特色旅游项目，具有传承性、地域性、民族性等特征，同时具备地域独特性、不可复制性、原生性等特点，是难以复制的原生性民俗资源。从文化互鉴与经济联动这两方面来看，开展民俗体育旅游的过程，本质上是一个文化互换的过程。通过旅游的方式，旅游者可以刷新既往狭隘的认知，摒除原有的观念，激发创新思维，促进文化交流。从这一点来看，开展民俗体育旅游不仅是经济效益的增加，更是文化价值的交流。

（五）扩大知名度，宣传优秀的民族文化

民俗体育是珍贵的文化资源，也是劳动人民智慧的结晶。民俗体育旅游能够以其原生性和独特性吸引更多的国内外游客体验和学习，让人们了解民俗体育的独特文化，接受精神上的文化教育，同时也是宣传地方优秀文化和塑造良好形象的重要途径。再漂亮的语言也比不上民俗体育文化的震撼力，发展民俗体育旅游是推广优秀民族文化的有效方法，能够更好地提高地方知名度和树立良好的形象。

以甘肃为例，作为西北文化大省，拥有大量的历史遗迹、灿烂的文明、绚丽的民俗文化。开发充满活力的民俗体育文化资源，研究民俗体育旅游资源开发，意义重大。一方面可以助力民俗体育的传承与保护；另一方面可以丰富体育旅游产业内容，优化旅游项目结构。整理发掘甘肃省的体育民俗，结合民俗体育的多元化表现形式以及时代发展契机，借助旅游业中蕴藏的自然人文资源优势，打造以甘肃地域特色为核心的民俗体育旅游形式，实现民俗体育的传承保护与旅游资源综合开发双赢的目标。科学合理地开发民俗体育旅游资源，不仅能够丰富民众的业余文化生活，更能推进科学、健康的文明生活方式落地生根。

第二章　民俗体育旅游的基本理论

第一节　民俗体育旅游概念辨析

一、民俗体育的概念与特征

（一）民俗概述

人从一出生起就处在一定的民俗环境当中，个人成长受当地民风、民俗的深刻影响，不断感知“民俗”的风尚和礼仪。可以说，民俗给予个体人文关怀，民俗活动自原始社会起，就成为人类日常生活的一部分。19 世纪中期，欧洲首次提出了“民俗”的概念。最初，“民俗”二字代表着传统、古老的习俗，遗留下来的节日，无法追溯历史的歌谣、神话、传说以及故事和谚语①。我国民俗学家钟敬文先生在其主编的《民俗学概论》中指出：“民俗，即民间风俗，指一个国家或民族中广大民众所创造、享用和传承的生活文化。”②

从某种角度来看，生活就是民俗。民俗是与传统最为贴近，直抵人们身心的那一部分，它由社会群体的生活需要生发，以服务于人类日常生活为目的，是我国各民族在长期社会发展过程中积累形成的、具有相对固定性的、各具特色的文化传统或文化传统模式。它们是生产实践和社会活动中遗留下来的一种文化现象，可以简要概括为流行于广大民间的社会风俗。民俗是广大人民群众共同创造并保留传承下来的，并规范着人们的一些行为举止，渗透和隐藏在人们的行为、言语、心理基础之中，人们生活

---

① 丹·本-阿默思．民俗思想辨析［J］．全一方，译．民间文化论坛，2018（1）：5－8.

② 钟敬文．民俗学概论［M］．上海：上海文艺出版社，1998：1.

于其间，代代相沿，并且愿意自觉接受这种模式化规范的约束。民俗的本质特征可以总结为原生性、前理性、大众性、传统性、本土性、集体性、口头易变性等。

我国地域辽阔，民族众多，自古就有“十里不同风，百里不同俗”的说法，这体现出我国“民俗”内容丰富多彩，民间俗事（俗称“事象”）繁杂多样。虽然民俗现象种类多样、变化万千，但它们遵循共同的规律：在时间上，以世代相传的形式延续，在空间上，从一个地点传播到另一个地点。在传播和延续过程中，民俗总会有新旧的变化，这是由于它所依附的地形地貌、生活方式以及时间和环境等因素发生了变化。

（二）民俗体育的概念

我国几千年的传统社会是以农耕生产为主要特征的农耕社会。在农耕社会中，民众心理上祈求神灵保佑风调雨顺，行动上以击鼓讴歌、跳舞、唱歌、说唱等民俗活动方式庆祝丰收，从而催生了民间的民俗体育。

《体育科学词典》将民俗体育界定为“在民间风俗或民间文化以及民间生活方式中流传的体育形式，是顺应和满足人民多种需要而产生和发展起来的一种特殊的文化形态”①。此外，国内一些专家、学者依据个人的视界、理解、经验，结合权威而传统的言论、观点，也对此概念进行了深入探讨。涂传飞、陈志丹等认为，我国民俗体育是由一定民众所创造，为一定民众所传承和享用，并融入和依附于民众日常生活的风俗习惯中的一种集体性、模式化、传统性、生活化的体育活动，既是一种体育文化，也是一种生活文化②。王俊奇对民俗体育概念的阐述为：民俗体育是指那些与民间风俗习惯关系密切，主要存在于民间节庆活动、宗教活动、祭祀活动中，世代传承和延续的体育文化形态，具有集体性、传承性和模式性的特点③。可见，学者都认同民俗和传统是界定民俗体育的关键依据，这显然是具有合理性的。

总之，民俗体育是在传统体育产生及体育运动不断向多方面发展的趋

① 中国体育科学学会，香港体育学院．体育科学词典［M］．北京：高等教育出版社，2000：31.

② 涂传飞，陈志丹，严伟．民间体育、传统体育、民俗体育、民族体育的概念及其关系辨析［J］．武汉体育学院学报，2007，41（8）：24－31，51.

③ 王俊奇．也论民间体育、民俗体育、民族体育、传统体育概念及其关系——兼与涂传飞、陈红新等同志商榷［J］．体育学刊，2008，15（9）：101－104.

势下产生的。民俗体育活动既是体育运动的一个类别，更是民族地区特殊民俗文化的组成部分，蕴含着深厚的民间体育文化和极高的体育价值。在民俗体育中，“民俗”是基本概念。首先，民众是民俗体育的核心主体，是生产者、表演者、传承者，也是其承载者，民俗体育具有鲜明的群众性，根植于特定的民众群体中；其次，民俗体育是人们按照一定规则进行的、遵循一定模式的体育活动，具有一定的内在结构体系和外在形体样式，在一定区域内的人们的重复性实践中得到了持久的延续，如舞龙舞狮已经成为中国的一种模式化的体育活动；再次，民俗体育是一种传统的体育文化，在时间方面实现了代际传承，在空间方面完成了跨越传播；最后，民俗体育是一种生活文化，依托于日常生活中的民俗（节日、礼俗等）而传承发展，是民众生活中不可缺少的文化基因。

需要注意的是，同一种体育活动在特定的环境条件下可以归类为民俗体育，而在其他环境中则不属于这个类别。比如在我国一些少数民族中，荡秋千的整个过程都融入了传统的习俗和仪式，成为这些民族共同参与的、有模式的、传统且生活化的体育活动，因此在这种情况下，荡秋千被视为民俗体育。然而，如今许多社区和公园中的荡秋千活动，由于缺乏特定习俗的融入，不具备集体性、模式化、传统性和生活化的特点，因此不被纳入民俗体育范畴。民俗体育的传统性促使其在不断生成和演变，新兴的民俗体育一定会依托于某些风俗习惯而在民众中不断产生、传承和流变。例如 20 世纪 30 年代传入江西永新的盾牌舞，因其每年元宵节举行，并有相对固定的仪式，具备集体性、模式化、传统性和生活化的特征，故属于新近出现的典型的民俗体育项目，且仍在不断变异。民俗体育具有扩展性的特质，这意味着不仅创造该民俗体育的群体可以传承和享用，其他民族和地区的人们也有可能接受吸纳并使其成为他们自身的民俗体育项目。

（三）民俗体育与民间体育、传统体育、民族体育的关系辨析

民间体育是大众在日常生活和生产中自发开展的具有民间化、自发化和大众化特点的体育活动。传统性是民间体育本真性的体现。民间体育包括传统体育和非传统体育。传统体育是由特定的地域、民族、族群所创造，并经时间沉淀后得以继承与衍化的具有独特性的一种体育文化形态。“传统”是传统体育的标识，它既指特定人群所创造并在特定的区域、民族、族群以及集体中传承与表现的体育项目，也可以是以上人群未来将创造并且具有继承、演化潜能的体育项目。民族体育是体现和表现一个民族

群体的共同心理特质的文化过程，是该民族群体所继承并享用的、有别于其他民族的传统体育文化。由此可知，民族体育是传统体育的一部分，其传统性内核决定了它是运动的、发展的体育文化。需要说明的是，近代以前形成的、反映和表现一个民族群体的共同心理特质的体育文化均属民族体育范畴；近代以后乃至未来形成的，能够反映和表现一个民族群体的共同心理特质的传统体育文化，也应视为民族体育。

民族体育和民俗体育同属于传统体育，就有必要明晰两者的概念。由于民族体育和民俗体育均是人类体育文化的重要构成部分，它们可以形象地称为“姐妹”，但是两者的内涵却不同。民族体育是侧重于反映和承载民族共同心理素质的传统体育文化，而民俗体育则是更注重表现由特定人群所创造、传承并享用的体育活动，并且融入和依附于人们日常生活中的风俗习惯（如节日、礼俗等）之中，具有集体性、模式化、传统性和生活化的特点。它既是一种体育文化，更是一种生活文化。

民俗体育和民族体育存在交集。比如，荡秋千是民族体育项目。苗族、阿昌族等喜欢打形状似纺车的四人或者八人秋千；土族喜欢用大马车的轮子做成的秋千；朝鲜族、满族、纳西族等喜欢用两根绳子在树上或者架子上挂秋千。荡秋千传入这些民族后，与各民族的文化内容相结合形成各具特色的样式，深深打上了各民族特有的文化和心理素质特征（如民族凝聚力和认同心理等），因此，荡秋千是属于各民族的体育项目。荡秋千通常与各民族的风俗习惯（如节日、礼仪等）联系起来，作为其日常生活的组成部分，形成集体化、模式化、传统化、生活化的形式。因此，荡秋千也可属于民俗体育的范畴。

民俗体育与民族体育并不等同。一方面，民俗体育并不等同于民族体育，因为有些民俗体育项目并不一定体现出某个民族的共同心理素质，但是却是某具体人群的生活习俗，例如江西永新县一带所流传的盾牌舞，该活动是在每年元宵节前后举行的，有其特定的程序和内容，并融入当地民众的生活习俗（如节日与仪式等）。这种集体性、程式化、传承性、生活化的体育活动，属于民俗体育活动，但并不属于民族体育活动，虽然盾牌舞带有当地村民的共同心理素质，如村落认同等，但未上升到民族共同心理素质层面。另外，并非所有的民族体育活动都是民俗体育活动。例如赫哲族的叉草球是赫哲族特有的民族体育活动，它是从赫哲族地区人们生产劳动中发展而来的，之所以归于民族体育活动是因为这个民族活动能够反映和承载赫哲族的共同民族素质（如民族凝聚力和认同感等），但叉草球却没有被该民族融入民众生活习俗，不属于集约性、程式化、传承性、生活化的体育活动，因此不属于民俗体育活动范畴，只是单纯民族体育活动。

综上所述，民间体育既包括传统体育又包括非传统体育，而传统体育中又有民俗体育和民族体育之分。民俗体育和民族体育有交集，但并非绝对等同。

（四）民俗体育的特征分析

把握民俗体育的特征，有助于科学、准确地理解和掌握民俗体育的起源与发展变化规律，更明确地区分民俗体育中消极因素，探寻规避解决之法；也有助于更清晰地发现积极因素，确定宣传推广之道，从而推动民俗体育的繁荣。

1. 民俗体育的共通性特征

民俗体育具有全人类的共通性，这是其广泛且深刻的属性。各民族的民俗体育在形成过程中都有许多相似或相近的要素，共同体现了人类具有的共性，这是文化发展到一定程度后必然的现象。例如，赛马是许多民族的民俗体育项目，各个民族在节庆盛事中大都会举办赛马活动。在蒙古族“敖包会”“那达慕”中，赛马备受瞩目，蒙古族的婚礼中还有骑马夺帽的游戏；哈萨克、柯尔克孜、塔吉克、锡伯等民族都流行一种叫“叼羊”的赛马活动；哈萨克族的“姑娘追”，是骑马技巧游戏，男女青年分组进行，女队先走，男队随后，小伙子骑马追赶姑娘，追上者取胜，互换角色后继续比赛。尽管不同民族赛马活动在名称、内容、形式上存在差异，但它们具有共通性的特征。共通性说明了民俗体育是人类文明发展到一定高度后，各个民族文化渐趋相同化、相似化后的结果。由于民俗体育具有共知性，在人类进行文化交流和传播的过程中，具有民族特色的民俗体育活动逐步走向世界，并获得广泛认可。例如，龙舟赛不仅在中国南方广泛开展，而且在泰国、日本等国也已多次举办，逐渐成为世界性的体育赛事。

2. 民俗体育的地域性特征

地域性是民俗体育在空间上所显示出来的特征。饱含地域色彩的民俗体育盛行于民间，丰富了民间数千年的体育文化生活，充分体现了中原民俗体育文化、草原民俗体育文化与南方水域民俗体育文化的运动内容，反映了各地人民的智慧与勇敢。我国幅员辽阔，民族众多，气候、自然和人文环境差异明显。不同地域人们的生活内容、生活习性、思维方式、运动方式等差别较大。人们通常以地理上的秦岭—淮河一线把我国地域划分为北方与南方。北方地区纬度高，气温低，寒冷季节长，积雪、冰层厚，滑雪、滑冰、打冰尜等冰雪项目比较普及。且北方地势平缓，草原开阔，空间宽广，居民以放牧为主，性格豪爽奔放，崇尚勇武精神，喜欢摔跤、奔跑、赛马等力量、速度型体育项目。南部地区气候湿润炎热，地形多为丘陵和山地。居民外貌秀丽，性格细腻、稳重内敛，擅长智力技巧类活动，如象棋、围棋、荡秋千、放风筝、转陀螺、游泳捉鸭、跳竹竿等。即便是相同的民俗体育项目，如舞龙，也具有鲜明的南北文化地域特征。北方舞龙以武术为主，注重龙的威严和豪迈，气势磅礴；而南方舞龙则以文艺为主，强调龙的灵活、敏捷和变化多端。各民族在特定的地域条件下形成了自己的民俗体育项目及民俗体育文化，“十里不同风，百里不同俗”就是地域差异的体现。

3. 民俗体育的依附性特征

传统体育依附于各种民俗活动而生存，如各民族的生产活动、节日活动、婚丧葬礼活动等都包含着传统体育活动内容。在生产活动中，为了祈求风调雨顺、五谷丰登，各民族有着自己的传统体育活动。例如，汉族的秧歌、采茶舞，壮族的蚂蜴舞（蛤蟆舞），布依族的牛王舞等。节日民俗体育活动以增进人与人之间的感情交流、增强群体意识、烘托节日气氛以及祈福来年的平安吉祥等为目的，逐渐发展成为民俗体育活动并被传承下来。例如春节期间的舞龙、舞狮，男女老少身着盛装，欢乐庆贺。龙狮花彩纷呈、腾翻奔跳，配以铿锵悦耳、喜气洋洋的锣鼓声，场面非常壮观。婚丧仪礼民俗体育活动也是民俗体育的又一主题。婚礼是人生中重要的礼仪活动，各民族都十分重视，很多民族将婚礼习俗发展成为一系列丰富多彩的民俗体育活动。

民俗体育活动是生产与生活的产物，是人们在农事生产生活中娱悦身心、感受自然的形象化表达。它是在礼仪、习俗等各种民俗现象的基础上生成的一种内容和形式多元的体育活动，其中婚礼习俗类的活动广泛活跃于人们的生产生活中，极大地丰富了人类的文化生活。如今，各类广场文化活动、社区文化活动、节庆活动以及文化下乡等活动，民俗体育项目通常都被作为主要内容。

4. 民俗体育的娱乐性特征

民俗体育可以满足人们在休闲时充分释放情感，挖掘自身心理能量，增强生活信心，享受生活快乐的需求。作为一种由生理现象产生的文化行为，民俗体育活动在最初的开展过程中往往带有宗教、军事、劳动等功能或实用性目的，但从其逐步萌发的娱乐性价值来看，很多民俗体育活动早已演变成为娱乐活动。例如，南方地区的秧歌舞、采茶舞，佤族的“舂白舞”，人们借由舞蹈对熟悉和喜爱的农业生产劳动的动作和姿态进行模拟，展开娱乐活动，具有主题审美感受和象征含义。古老的民俗体育活动，是劳动群众在劳作中感情和精神的寄托，随着社会的进步，人们对民俗体育的需求日益旺盛，对民俗体育活动的要求也越来越高。

民俗体育源于生活又高于生活，蕴含着人们对生活的美好愿景和向往。在满足基本的生存需求、带来快乐以及实现发展需求的基础上，民俗体育自然而然地实现了它的娱乐价值，逐渐演变成为以人们健身强体、自我娱乐、丰富生活、凝聚团体和增强社会生命力为重要内容的活动。民俗体育凭借生动有趣、题材众多、地方色彩和民族特色浓郁的显著特征而深受人们的喜爱和重视，已然成为人们体育活动的重要组成部分，是休闲娱乐的重要活动内容和方式之一。

5. 民俗体育的竞技性和健身性特征

民俗体育的竞争性突出体现在参与者追求胜利的心理上。从某种角度来看，竞技性是民俗体育的核心特征，没有竞争性，民俗体育就会失去其娱乐和教育的意义，从而失去大众的基础支持。无论是跑步、跳跃、投掷类，还是体操、球类、水上运动、射击、骑术、摔跤、舞蹈、游戏等各类民俗体育活动，参与者大多都以技高一筹为乐。民俗体育的竞争特性，能够让参与者在彼此较量的过程中收获心理上的愉悦，还能够锻炼意志力，启迪智慧。

民俗体育的健身性是显而易见的，它以人的身体为载体开展活动。人们通过丰富多样的民俗体育运动强健身体、促进健康，培养心理素质，获取精神愉悦与慰藉，提升适应环境的能力。目前，民俗体育活动已在各地中小学生、学龄前儿童中广泛开展。以掷沙包为例，可单人练习，也可双人、多人参与，能提高儿童的灵敏度和协调性，促进儿童心肺功能发育，增强学生的反应能力与力量素质。

6. 民俗体育的传承性特征

传承性是民俗体育在发展过程中表现出来的具有运动规律性的特征，对民俗体育的存在和发展具有重要意义。民俗体育自诞生开始，跨越时空延续至今，完全得益于传承的作用。文化作为有自身规律的行为活动，一旦产生就会形成惯性运动，并在历史发展过程中形成延续特征。民俗体育的传承性包含两层含义：一是指民俗体育在时间上不间断延伸，即历史纵向延伸；二是指民俗体育在横向上的扩展运动，即民俗体育的横向传播过程①。由于民俗体育的传承性，民俗体育文化在时间和空间上形成延续性的存在，从而在不同的文化背景下相互碰撞、吸收、融合发展。民俗体育传承特性的深层价值，更体现在维系一个民族或群体的凝聚力和共同认同感方面具有重要意义。

传统的民俗体育随着历史的延续而继承下来，保留了原有的活动规则以及活动的惯性，成为维系民族或群体凝聚性与趋同性的文化纽带，孕育出民俗体育特有的生命力、吸引力和发展潜力。

7. 民俗体育的观赏性特征

民俗体育活动具有较强的观赏性特征。对美的向往是任何时期、任何地域以及任何民族共同的心理诉求。人们在参与或欣赏民俗体育时，都会将活动中的声、色、形、象进行有机结合，获得审美享受，满足精神层面的需求。例如，我国常见的舞龙活动集竞技、技巧表演、娱乐、艺术欣赏于一体。尽管由于地域、民族不同，舞龙形式多样、种类繁多，但其目的都是健身、娱乐，它伴随鼓乐和舞蹈，表演各种形态动作，充分体现出浓郁的民族特色和人们艺术创造的才能，极具欣赏价值。民俗体育活动常常是把观赏性、健身性、艺术性、娱乐性融为一体，科学地开发、梳理、利用这些资源，民俗体育定会成为全人类共享的宝贵财富。

8. 民俗体育的交融性特征

民俗体育在传统的民俗活动中孕育和发展，深深扎根于民间土壤，与人们的日常生活息息相关。它不仅丰富了人们的健身、娱乐内容，更给予了人们心理慰藉，寄托了人们的希望与祈愿，深受民众的喜爱。在历史的发展过程中，战争、自然灾害、统治者的命令乃至少数人的主观意愿等因素，引发了人们迁徙、流放、逃荒等大规模的人口流动现象。

人口的迁徙、流动促使不同群体的生活方式相互影响、相互模仿，也必然促进地区间的文化相互交流、融合与渗透。战国时期，赵武灵王推行“胡服骑射”变革，不仅改变了中原地区人们的着装习惯，更促进了地区间的经济、文化交流。中原流行的舞狮子、舞龙灯、打腰鼓、打陀螺、踢毽子、拔河、放风筝等民俗体育活动也逐渐传入西北并被当地人民所接受。各民族在发展过程中相互学习，求同存异，共同创造、丰富了我国的

① 余万予．对中华民俗体育的初步研究［C］．武汉：第六届全国体育科学大会论文集，2000：38－40.

民俗事象和民俗体育文化。因此，我国的民俗体育文化呈现出由简单到复杂、由单一到多元的融合发展趋势，展现出旺盛的生命力，传承发展至今，已成为极具感染力和艺术表现力的特殊文化形态。

二、体育旅游与民俗体育旅游的概念

（一）体育旅游的概念

体育旅游是以体育旅游资源为基础，以市场为导向，为满足人们体育旅游的消费需求而开展的旅游活动，是一种新兴的旅游类型。作为旅游业和体育产业结合的新模式，体育旅游以体育资源为载体，吸引人们参与体育活动，感受自然情趣。

体育旅游的内涵是以不同的体育活动为载体，围绕着旅游者的休闲、娱乐、健身等需求展开，并具备一定的地理特征和季节特征。其外延主要包括体育活动、体育运动设施、体育活动参与者、产品及服务以及所处的环境和生态系统等相关内容。体育旅游可理解为通过参与体育活动，如各种形式的竞技性比赛、竞技性训练、体育运动、休闲健身等，而获得身心愉悦的一种旅游方式。

综上所述，体育旅游是为了满足人们参与、欣赏与体验不同形式体育项目的需求而产生的旅行活动，是运动健身和旅游相结合的一种运动类型。与普通旅游活动相比，体育旅游具有独特的专业特点，体育活动是其核心标志，从活动的参与、策划到指导，体育元素贯穿其始终。

（二）民俗体育旅游的概念

民俗体育旅游是指以民俗体育文化为内核，开发的具备旅游功能的民俗体育项目，是对民俗体育的内容、形式、空间等方面进行开发利用和延伸拓展，使之具有更广泛的社会文化内涵，适应现代生活，满足旅游者休闲娱乐需求的一种旅游活动。近年来，随着我国经济的迅速增长和居民生活质量的提升，越来越多的都市人积极拥抱大自然，渴望在旅游中体验独特的民俗文化。随着人们对文化旅游需求的日益增长，以文化为载体的民俗体育旅游应运而生。开展民俗体育旅游研究，对推动民俗体育旅游事业的发展意义重大。

开发民俗体育旅游资源，既能促进特定民族地区的体育经济发展，提高当地物质生活水平，又能让旅游者在健身的同时推广体育产业和体育活动。民俗体育旅游之所以占据优势地位，是因为它的开发能有效地将体育活动和当地民俗文化相融合，让旅游者能在旅游过程中获得对民俗和体育的双重体验。合理发展民俗体育旅游可以让旅游者在旅游过程中体验庙会、地方节庆等特色民俗活动。宣传民俗体育旅游资源开发，能够在一定环境范围内对人文资源进行有效保护，推动地区经济均衡发展。

从根源来看，民俗体育旅游资源源于民俗文化活动和相关的体育文化活动。无论是民俗文化活动中包含的体育元素，还是体育文化活动中蕴含的民俗元素，只要是那些已经沉淀、尚待开发、整合利用、传承保护，并有潜力成为旅游吸引物的各种体育民俗现象，都构成了民俗体育旅游资源的核心。在充分考虑旅游资源概念的基础上，民俗体育旅游资源可以被定义为能够被游客利用，吸引游客前往旅游目的地，具备一定旅游功能和文化价值，且能够产生经济和社会效益的各种体育民俗现象的集合。

三、我国民俗体育旅游的具体特征

（一）民俗体育旅游地区的独特性

特殊民俗多存在于特殊的地区，民俗体育旅游资源的最大特点是多分布在地理特殊的区域。以我国民俗旅游资源比较丰富的新疆地区为例，沙漠与山脉交错分布，天山山脉将新疆分为南疆、北疆两大部分。丰富的河流、湖泊、绿洲等自然景观，让新疆境内的不同地域呈现出独特的自然美景，旅游景观观赏性很强。而我国民俗体育旅游资源集中的另一个地区内蒙古，位于温带草原地带，广袤无垠的草原和绵延的河流可带给游客不同寻常的体验。自然景观在为旅游者带来了视觉享受的同时，也助力当地经济的发展。

在我国民俗旅游区，独特的民风民俗是特定人文历史背景下的产物。人们在长期居住过程中形成的特有的历史习惯具有独特性。例如，湘江地区苗族、侗族大寨，其独特的居住方式、饮食习俗、结婚习俗构成了独特的民俗文化，当地修建的具有民族审美价值的木质多层民居，成为独特的建筑，不仅为我国建筑史增添了浓墨重彩的一笔，而且彰显出旅游区的特定主题。

（二）民俗体育旅游的多样性

民俗体育旅游的丰富多样，源于其在生产生活实践中的创造、发展和演变。它是人们在一定的时代空间和社会生活中，对民俗体育项目进行选择、加工、创造后形成的各地具有特色的体育旅游资源。传统性是民俗体育旅游最突出的特点，我国许多的民俗体育项目是经过多年的历史变迁而逐渐形成和发展起来的，具有浓郁的地方特色和丰富的文化内涵，在社会实践中不断涌现出具有地方和时代特色的运动项目，充分体现了丰富多元的民俗体育文化精神。

（三）民俗体育旅游的参与性

民俗体育旅游项目具有极强的参与性，旅游者可以选择参与度高、方式多样的民俗体育项目。例如射箭、骑马等，这些项目都是以身体运动为载体，具有强身健体和娱悦身心的作用，游客在参与过程中还可与当地人交流技艺。这种参与性和体验性是民俗体育旅游项目吸引游客的重要原因。所以，在民俗体育旅游开发中要注重体验式、参与式等多种旅游方式的挖掘与运用。

（四）民俗体育旅游活动的节庆性

我国民族众多，各民族民俗风情在节日活动中集中体现。例如，体育展示表演活动、体育竞技比赛等节庆式的体育民俗活动，既能让游客体会到当地的特色民俗文化，体验多样的体育风情，也能使游客全面深入了解不同区域的人文历史，丰富阅历，增强对我国民族多元文化的认同感和自豪感。

（五）民俗体育旅游方式的广泛性

中华民族由五十六个民族组成，各民族在自身环境和习惯下形成了独特的民族特性。特有的民俗体育文化内容经过交流后被广泛传播，并发生鲜明变化。丰富的民俗体育和旅游文化甚至影响了不同的民族，促成个性上的共同生长，吸引了越来越多的人爱上民俗体育旅游，让这一旅游形式焕发出勃勃生机。

（六）民俗体育旅游的民族特色

民俗体育旅游作为极具民族特点的旅游形式，有着鲜明的民族性特征。民族文化是一个国家或民族在长期的历史发展进程中所创造的物质财富和精神财富的总和，是民族赖以生存与发展的动力。历经数千年的历史积淀，一个国家或民族孕育出了自己独有的文化，进而形成了具有自己民族特点的传统体育运动。民俗体育运动项目是民族历史、文化、习俗、信仰的载体，具有鲜明的民族性。因此，民俗体育旅游就具有较为明显的民族性特征，它是在人们长期从事民俗体育活动过程中逐步形成，并不断发展的，其内容繁杂、形式多样。参与民俗体育旅游活动，能够深刻感受浓郁且独特的民族文化，体会民俗体育旅游的民族性特征。

第二节　民俗体育的功能、价值与趋势

一、民俗体育的功能

民俗体育的功能作用对象是个体、群体、人类社会。其原始的本质功能包括娱乐、信仰、强身健体、传承、社交、人的社会化等方面。随着社会、经济、文化全球一体化的发展，民俗体育的功能日益多元，不断衍生与完善。只有全方位地认识民俗体育的功能，才能有针对性地发挥、创新，实现有效保护和传承。

从民俗体育的功能特点来看，其功能可分为显性功能和潜性功能。其中，显性功能包括身体健康功能、精神健康功能、教育功能、娱乐功能、经济功能等；而潜性功能则包含精神文化功能和信仰功能。

（一）民俗体育的显性功能

1. 促进身心健康功能

民俗体育以身体运动的形式体现人类的生活状况和精神信仰，其风格朴实无华。人们通过参加民俗体育活动能够调节身心，尤其是集体性的大型表演活动调节身心的功能较为明显，小型的民俗活动也能体现对人的身心调节功能，寄托了人们普适性的精神愿望，使人们获得心灵慰藉。

劳动不仅创造了人类，也催生出丰富多样的民间体育活动形式，如秧歌、采茶舞、花鼓灯、放风筝、摔跤、抢花炮、打草球、叼羊、骑射、划船、赛龙舟、珍珠球等，这些项目具有地域特色且品类繁多。有些项目直接以生产工具、生活用品作为活动道具，如用板凳表演的板凳龙、借用扁担开展的打草球等。在南京市溧水区柘塘镇周边，流传着一种民间舞蹈叫作打社火，它有助于增强人体的爆发力和有氧耐力。溧水明觉镇东全行政村前堡自然村附近，盛行的马灯舞，可以提升人体的柔韧性和协调能力。而在江西省奉新县的万庄村，板凳龙舞非常流行。舞蹈中，“龙头、龙身、龙尾”共有 90 多节，加上鼓乐和号角演奏人员，至少需要 100 多人才能组成一个完整的舞龙队伍。板凳龙表演时间长、巡游路程远，能全面地锻炼人的力量、速度、灵敏度、耐力，而且舞龙的技巧性很强，需要参与者长时间进行训练，同时具备团队合作意识、意志力、奉献精神等品质才能顺利完成表演。

民俗体育在人类进化发展的过程中，传承了运动技能和劳动技能，提高了人对自然的适应能力。共同的心理需求和爱好又促进了人们的和谐共处。它以人的生存、健康和发展为基本原则，依托地理、气候、生态等自然环境，将遵循社会规范视为追求精神自由的前提，充分展现个人的独特性，让人们感受身体、心灵与宇宙的完美和谐，从而获得掌控自身的满足感，最终形成内在和谐的身体状态。

2. 娱乐功能

人们在无意识的自发状态下抒发内心的快乐，这是民俗体育娱乐功能的原始表现形式。在农耕社会，人们进行田间劳作是生活的常态，劳作中开展原生态的自娱自乐活动，是快乐情感的本原体验，也是劳动人民获得快乐的直接方式，更是民俗体育的本原功能。这种“原生态”，指的是未经刻意加工，保留在民间的原始形态，充满乡土气息，并在自然环境中存续下来。这种状态代表了事物的真实本质，不会因外界因素而发生改变，使人们在欢快的劳动中获得愉悦和快乐。自然形式的体育活动侧重于自我娱乐，并非单纯的体育竞技，具有随意性、非标准化的特点，讲求省力而非刻意追求，注重参与而非仅仅观赏，重视传承而非创新编排。

社会的变迁与发展是不以人的意志为转移的，民俗体育也随着时代的更迭而变迁与演进。人们参与民俗体育活动的状态由最初的无意识转向如今的有目的、有意识。例如，摔跤是一种角力运动，参赛者斗智斗勇，全力拼搏，脸上洋溢着畅快感、满足感。同时精彩的比拼，让观众发出阵阵掌声、呐喊声、欢呼声，享受精神的狂欢。现今，民俗体育活动已成为人们有意识、有目的地获得快乐、调节身心的手段之一，凸显出休闲娱乐的一体化功能。

3. 教育功能

教育是体育的一种特殊体现形式，民俗体育的教育功能主要体现在技艺教育、礼仪教育、尊长亲幼教育、爱国主义教育等方面，能够将“自然属性的人”转化为“社会属性的人”。因此，把体育定义为教育和对人的塑造过程，具有重要意义。传统体育与教育相互交融，在培育个人的体格、性情、心智、情感以及社会关系等方面发挥了重要作用，对当代人价值观、思维方式、情感表达与生活方式塑造影响深远。

在学校教育尚未普及的时代，民俗体育活动是民间教育的主要途径之一。许多活动都依赖民众的自愿参与，如板凳龙这类活动，没有固定的程序，靠人们“按照记忆，按照以前的模式和习惯”组织活动。“以前的模式和习惯”成了人们“共同遵循的价值观念和行为准则”。还有一些易组织、灵活性强的民俗体育项目，如掷沙包、打陀螺、沙滩下棋、沙滩自行车、绕岛赛船等，没有规则和裁判员，人们按照默认的惯例互相承认比赛结果，区分输赢。这些约定俗成的惯例对参与的民众有着极强的伦理道德约束力，对人们的行为准则有着极强的规范性。而爬杆、采摘、打石子、摔跤、骑马、格斗、射箭等劳动技能的习得，是民俗体育最原始的教育功能的体现，人们世代口传身教，这些劳动技能提高了生活质量、生产能力与技术水平，增强了人们的整体生存能力。至今，蒙古族还保留和传承着摔跤、赛马和射箭的“男儿三艺”习俗。此外，饮食、居住、礼仪等许多方面也体现着民俗体育的教育功能。例如，甘肃省肃南裕固族自治县的裕固族有着“一天三次喝茶，一次用餐”的饮食传统，以乳制品为主食。这类习俗使人们形成了心理趋同性，有利于形成团结友爱、共同奋进的民族豪情。

我国历史悠久、民族众多、地域宽广，各地区、各民族的生活习性各异。在民俗体育活动中，人们能体会到集体荣誉感，感受到团队精神，在快乐的氛围中学习各种技能。民俗体育以亲身参与、耳濡目染的方式让人们接受多种教育。

4. 经济功能

从经济维度来看，开发民俗体育旅游经济是促进地域经济发展的重要举措。打造生态旅游硬实力和文化旅游软实力是实现民俗体育经济功能的主要路径。人们热衷于参与许多富有强烈竞争性的传统体育赛事，如抢花炮、珍珠球这类集体竞技活动，可以带动经济和商业互动发展。在乡土经济形式中，民俗体育项目的表演，尤其是少数民族的民俗体育项目的表演，是重要的乡村旅游资源，能吸引游客，提升民间旅游的吸引力，“民俗体育项目搭台，唱经济大戏”成为各地举办旅游节的主要活动。例如，中国·凤阳花鼓文化旅游节组委会举办的“中国·凤阳花鼓文化旅游节”，以“敲凤阳花鼓，唱经济大戏”为活动主题，使凤阳花鼓从地方民俗逐步发展成为文化产业，进而在全社会层面升格为知名文化品牌。这既提升了当地旅游节的知名度，也为当地经济发展注入了强劲动力。

民俗体育旅游资源与自然人文景区共同构成地方特色民俗体育旅游经济，在此基础上搭建起区域招商引资的旅游经济圈，放开市场，吸引社会资本，带动餐饮、旅馆等产业，形式多样地创造经济财富。在民俗体育旅游资源经济一体化构建过程当中，政府和开发商关注经济收益，从业者关注文化提升和经济实力增强，而游客则关注文化体验需求的满足。这些动力源于强烈的利益诉求，民俗体育旅游源于经济利益驱动下传统的重构①。

（二）民俗体育的隐性功能

民俗体育的隐性功能包括文化、规范、社交等功能。

1. 文化功能

文化的作用会深度地渗透在民族生命力、创造力和凝聚力之中，是凝聚人心、推动社会发展前进的精神支柱和有力保障。民俗文化是繁荣与发展社会主义先进文化的源泉，是树立民族文化自信、振奋民族精神的最有力武器，也是全面建设社会主义现代化国家宏伟目标和构建社会主义和谐社会的思想基础与精神力量。在传统民族节日，民俗体育以音乐、舞蹈等文化手段震撼人们的心灵，传递一个民族在漫长的历史发展中逐步积累的具有特定象征意义和固定民俗内涵的民俗文化。这种民俗文化被其他民族群体接受并逐渐形成有区域特色的文化惯性。文化惯性是指民俗文化形成后，处于该文化背景下的人们共同遵循的价值意识和行动准则，以及这种文化对人们实践活动的影响。

具有特定地域文化氛围的民俗体育文化，以各地的民俗体育运动作为外在表现形式，表达人民大众的思维模式、行为方式、沟通需求、语言习惯等。民俗体育文化依托体育与民俗的动态交融，从人们的切身感、生活感与地方感等维度进行传播与传承，促进了多民族传统文化的相互交融、相互渗透，丰富了民族传统文化的内涵，彰显了文化对于提高民族凝聚力和创造力的价值。综上所述，我国悠久的民俗体育文化凭借其大众性、集体性、娱乐性、仪式性和观赏性，吸引了广大民众的参与，成为增强凝聚力、维护民族团结与稳定的重要纽带。民俗体育文化以其深厚的文化内核呈现出民俗文化的精神基因，以其潜移默化的宣教功能融入民族文化的血脉和芸芸众生的社会生活，既传承着优秀的民族精神，又满足了民众享乐、沟通、交流的需求。

---

① 张辉，王斌，杨海晨，等．旅游与传统再造：女儿城民俗体育的人类学视角［J］．武汉体育学院学报，2015，49（1）：15－19，54.

2. 社交功能

社交行为是通过人际交流改变个体与他人关系的行为，是衡量心理健康、社会适应能力的关键指标。民俗体育借助礼仪习俗、娱乐活动等载体为人们提供了交往途径，在特定时间和地点创造相互交往交流的机会，满足人们对社交动机、心理需要的诉求。例如，武陵地区的恩施土家族女儿城举行的女儿会是一种奇特的民俗相亲活动，洋溢着浓郁的土家族气息，被称为“东方情人节”“土家情人节”，是土家族版的七夕。民俗体育通过多种不同形式的民俗交往活动，构建起人们认识、情感、思想、心理交流互动的桥梁，促进人际交往沟通，实现信息互通，帮助人们摆脱精神上的孤立和无助，获得情感共鸣，形成心理趋同，推动更多人群体化、社会化，促进多民族的团结与发展。

3. 规范功能

民俗体育活动具有规范人们行为的作用，有利于维护社会稳定。例如，集体性的传统运动项目舞龙、舞狮以及端午节盛行的龙舟竞渡等，是中华大地上人们共有的民间习俗，寄托着人们共同的愿望。人们在快乐的氛围中欢度节日、享受生活时，民俗体育的规范作用会感化和引导人们遵守社会规范。从某种程度上来说，在维护社会稳定方面，其柔性力量比法律的刚性约束可能更有效。梁治平在《乡土社会中的法律与秩序》一文中认为，在旧时代社会秩序中，法律并不起作用，社会的秩序主要依赖于长者的威信、教育和乡民对社区规则的了解，以及他们对传统习惯的遵从来维持。民俗体育活动回归人们的日常生活，能给人们心灵带来归属感；人们参与民俗体育活动，不仅能以实际行动践行全民健身计划纲要，还能增强对民族文化的自信。

二、民俗体育的价值

传统体育不仅见证了历史的变迁，更是一种珍贵且富有重要意义的文化资产。民俗体育的价值体现如下。

（一）有助于构建和谐的社会环境

民俗体育是民俗文化的产物，是在各族人民生产生活、节日活动、婚丧嫁娶活动中形成和传承发展起来的，是国家和民族的重要符号。民俗体育历史悠久，是人类最珍贵的文化遗产和精神财富，也是中华民族传统文化的重要组成部分。每一项民俗体育活动，如荡秋千、抖空竹、斗拐、拔河、推铁环等，都具有深厚的文化内涵，凝结着古代劳动人民的智慧。

民俗体育不受年龄、运动技能等级以及规则的严格限制，人们可以根据自己的需求选取项目或运用规则，从而积极参与其中。民俗体育鼓励积极参与、勇于探索、乐于创新的态度，重视审美和娱乐，强调重在参与而非单纯的竞技和胜负。输赢都是人生的一次磨炼，是人生的财富。民俗体育注重塑造人格，强调和谐的原则、集体主义精神和人伦责任感，重视与自然环境相协调，与日常生活保持平衡。保护和传承民俗体育文化能够构建良性的公平、公正的竞争环境和正向乐观的社会氛围。同时，民俗体育活动能够提升民众的凝聚力，定期举行民俗体育活动能够让人们在情感上实现社群和族群的认同，提高个人的自信心、自尊心、凝聚力和亲和力，在群体生活中团结一心。因此，积极保护和传承民俗体育文化，能够丰富我国传统文化的内容，有利于和谐社会的文化繁荣。

（二）促进全民健身活动开展

民俗体育活动形式灵活多样，种类繁多，在不同地区、不同社会环境中，流传着丰富多彩的体育活动。有的体育活动适宜在宽阔平坦的场地举行，有的适宜在田野举行，还有的适宜在水面上举行。绝大部分项目不受场地和器材的限制，随时随地都可以开展。各类传统体育项目都有各自鲜明的民族特色和区域特色，虽有的以趣味性强见长，有的以动作快速领先，有的以技巧高超取胜，但都具备健身和娱悦心情的功能。大多数民俗体育项目动作简单易学，可选择性强，是人民群众开展体育运动的根基，拥有广泛的群众基础，便于推广开展，丰富了全民健身活动的内容。

推进全民健身工作时，需要从实际出发开展群众体育运动。大多民俗体育项目不受场地和器材限制，同时练习难度、强度还能根据实际情况灵活调整。基于民俗体育灵活性和操作性的特点，可以结合当地生活生产用具与自然资源，打造贴近民众、易于被民众所接受的项目，以响应全民健身的开展。

民俗体育以满足人们健身、娱乐需求为根本，深受人民群众的喜爱，而且参与门槛低，因此其社会基础宽广、群众性突出，能覆盖各个年龄段。许多民俗体育运动不受年龄、性别以及体质的限制，人们可以根据自身身体状况和兴趣随意选择参加。一些兼具娱乐和竞赛特征的民俗体育项目也广为流传。这些形式多样、风格各异的民俗体育凭借独有的民俗特征和价值，成为群众性体育活动的重要组成部分，对于扩充体育锻炼群体、提高体育人口规模、推动全民健身计划的落地起到了重要作用。

（三）有助于传承民俗体育形式

民俗体育文化与民族精神深度交融，是民族文化的典型代表，是民族优秀传统和民族精神内核的重要组成部分。民俗体育是众多民族民俗文化的综合体现，其发展取决于民族文化的繁荣与否。民族文化为民俗体育生存与发展提供了适宜的氛围和基础，而民俗体育又丰富了民族文化的内涵。民俗体育是对民俗文化的继承与延续，在时代发展和新文化浪潮中，形成了一种完整、相对独立又深度依附民族文化共同体的文化系统，成为民族文化的一种具体体现形式。这种独立不是完全游离于民族文化的孤立，而是在动态的肢体动作符号形态上，通过相对独立的形式和状态表现的独立体系，并能从侧面反映民族母体文化的内涵。

同样，民俗体育作为一种文化形态在民族文化心理中长期积累并沉淀，形成了具有强大生命力、稳定和牢固的结构样式，可以代代相传。与普通的体育运动不同，民俗体育运动项目不仅是关于身体的活动，还承载着当地民风民俗和乡土文化中的文化符号。比如，舞龙、舞狮的服装服饰、套路编排、器械的选择都与当地群众的生活实践息息相关，在一定程度上反映了群众在生产生活实践中形成的经验智慧和自然哲学，体现了当地民俗文化的内涵。从社会文化的角度来看，民俗体育作为中华传统文化的一种表现形式，需要得到有效的保护和继承，以此来保障传统文化内容的完整性和丰富性，推动传统文化长远发展。

（四）有助于传承民俗体育精神

我国民俗体育文化源远流长，承载着拼搏进取、包容友善的精神内核和崇尚礼仪、坚守道德的价值追求，其人文内涵极为丰富。民俗体育文化不仅有益于陶冶性情、维系民族情感，更是培育文化认同意识的宝贵资源，根植于每一个中华儿女的心中。民俗体育浓缩了一个民族的智慧、精神、信仰和价值观，是民族赖以生存、繁衍、发展的精神根基。经过漫长岁月的发展演变，前辈们通过口传心授和身体力行实现了民俗体育非物质文化在物质和精神维度的世代传承，既传授了强身健体之术，又完整演绎了民族传统文化发展脉络，是维系民族发展的根基。所以，保护和传承民俗体育非遗的文化价值，对于继承和弘扬优秀的民族文化，增强民族自信心和凝聚力，推动社会主义精神文明建设具有重要、深远的意义。

（五）有助于促进民族融合

我国是一个多民族的国家，各民族团结、平等、友好互助是繁荣兴旺的基石。保持各民族的自然、资源、文化的多样性，有利于维护国家的统一，构建和谐社会。开展传统体育运动会，能为各民族搭建体育、文化交流的平台，助力各民族共同创建精神家园。此外，像摔跤、舞龙、舞狮及龙舟竞渡等民俗体育项目，在展示或比赛过程中需要各成员紧密协作，不仅体现出了各民族的文化特质，还使民族内部产生了亲近感与归属感，对于增强民族凝聚力，促进民族内部的团结有着积极作用。这些兼具民族特色与文化特色的民俗体育是我国宝贵的传统文化遗产和精神财富，积极发展民俗体育对于进一步促进民族间的交流与交往、加强民族内部的认同及融合有着非同寻常的作用。

民俗体育不仅能够促进民族内部团结和睦、增强区域内的群众凝聚力，而且能够促进不同民族、地区之间的交流与沟通，增强各民族之间的认同感和向心力。这是因为体育文化能够克服社会意识形态、文化传统、语言、宗教信仰等障碍，成为跨民族交流的桥梁和纽带。民俗体育活动能促进各民族共同发展，让不同地区、民族的群众产生文化归属感，增强民族认同感。

（六）促进体育形式多元化

同竞技体育和学校体育一样，民俗体育也有许多运动项目及与之相对应的知识与技术。保护、传承和发展民俗体育有助于体育运动项目的多样化发展。人的一切运动技能都是在与其身体协调性、灵敏性、柔韧性等身体素质发展水平相对应的情况下形成的。人们参与不同的传统体育项目，从中学习、掌握、了解多种基本技能，在锻炼身体机能的同时，充分调动神经系统多种联结的功能，以达到提高复杂运动技能的目的。所以，人们参加民俗体育运动的出发点在于锻炼身体和提高运动技术。

传统体育项目包括摔跤、跳跃、技巧类、棋类等多个类别，覆盖了人体大部分运动功能。项目的设置通常不受年龄、性别及地域条件的限制，运动强度可以根据需要来调节，可满足不同群体强身健体的需求，促进我国体育类型和形式的发展。传统体育可以拓展大众健身内涵，拓宽群众运动范围，吸引更多的民众参与，让广大民众有选择地获取相关的运动技巧，形成技能，并养成运动习惯和科学、合理、健康的生活方式。

三、民俗体育的发展趋势

（一）民俗体育与现代体育融合发展之趋势

民俗体育与人们的生产劳动、社会实践活动联系紧密，在发展上表现出时序性的特征，满足了人们在不同历史时期的需求。随着全球一体化加速，现代体育对民俗体育以及人们体育锻炼兴趣产生了显著影响。在现代体育强势发展的今天，民俗体育与现代体育之间既存在冲突又存在融合发展的机遇。民俗体育与以竞技体育为代表的现代体育之间的冲突主要表现在竞争性、功利性上；与现代体育的融合发展则是由于两者具有健身性、娱乐性等本质属性。

竞技体育以最大限度挖掘和展现个人或集体在身体、精神、智力与反应方面的潜力为宗旨，以取得良好的运动成绩为目的，以全面锻炼、增强体能为基础，以对抗为主要特征，它是具有严格的制度规定和高度体系化，有正式记录和传承历史的体育活动的总称，是人们争夺有形或者无形的价值的一种特殊手段。

竞技体育的特点是竞争性，这使其能与其他几类体育活动如学校体育、大众体育、民俗体育区分开来，同时又能使其具有排他性；竞技体育还具有明显的功利性，在活动中胜出能得到物质利益或精神上的奖励。比赛胜利是在双方对抗和斗争的结果中体现的，并被社会所认可，因此是直接、快捷、不争的事实。中国体育界普遍认为，竞技体育是从体育中分离出来的一部分，旨在追求运动中的最大成功，发挥人的最大潜能，不断地创造、刷新纪录。相比之下，民俗体育的活动项目通常是人们自发组织的，没有形成规范的制度体系，虽然也有胜负之分，但是没有明显排他性和功利目的；民俗体育活动能和现代体育融合发展的现实机遇在于，两者都是朝着社会发展的进步性方向前进，在提高人的身体素质和促进人格健全方面具有一致目的。人们在运动过程中形成了强身健体的思想观念，在休闲生活中养成了良好的体育生活方式，实现了健身与娱乐的意识形态的统一。民俗体育与现代体育能融合发展的根本原因在于它们是体育的一部分。当下，体育和人的生活已经紧密融合在一起，判断时尚生活的标准之一就是体育是否具有时尚性。人们对休闲娱乐的体验和身体健康越来越重视，这也成为民俗体育能否被现代人所接受的标准。

民俗体育有深厚的群众基础，是民间交流的一种语言，表达人们共同的理想、信念、节操、道德、审美等意愿，健身性是其赖以存在的基础，也是其在民间发展的本原动因。参与民俗体育活动，对参与者来说，能获得心理上的满足感；对观赏者来说，可以获得轻松、自由和美感，满足对健康、休闲娱乐的需求。因民俗体育的娱乐性与健身性与现代体育的内涵相一致，所以，民俗体育与现代体育融合发展是时代发展之诉求，更是民俗体育发展的必然选择。

（二）民俗体育发展的现实路径多样化趋势

民俗体育是中国传统文化中的珍贵遗产，挖掘与推广民俗体育对于弘扬中华传统文化、促进社会主义文明建设以及推动全民健身体系的构建具有重要意义。我国实施全民健身计划、谋划民俗体育的发展策略时，首先需要考虑民俗体育的健身性和娱乐性，这是发展的根本目的。民俗体育既要依附于节庆活动等民俗事象，更要融入人们的日常生活，走进广场、社区、街头、村落，成为人们健身、休闲的重要内容。其次，要加强民俗体育教育功能的延伸与应用。民俗体育文化的繁荣与传承不能仅依赖口传身教。一方面要加强理论研究，通过著书立说研讨交流，用现代化的方法将民俗体育文化发扬光大；另一方面，要通过教育平台把民俗体育融入学校体育教学，让年轻人感受民俗体育项目鲜明的民族特色、浓厚的民俗风情和厚重的文化底蕴，更好地保护和传承民俗体育。最后，在体育产业化的道路上，民俗体育应利用自身资源丰富的优势，促进国民经济的快速发展。“体育搭台，经贸唱戏”这一经典模式展示了体育产业化发展的潜力和体育对经济的推动作用。各地应充分利用本土的特色民俗体育文化资源，与旅游业和商业结合，打造丰富多样的地方民俗体育文化品牌，开发旅游景点，招商引资，发展地方旅游业和经济，让民俗体育站上文化产业化的主阵地。成功的范例有山东潍坊每年一度的国际风筝节。同时，民俗体育也可以利用互联网等现代信息手段，走向国际舞台，弘扬民族文化的魅力，充实文化内涵，提升文化软实力，增加国际话语权。

（三）民俗体育文化现代化发展之趋势

一个民族的现代文化必须植根于本民族的传统文化，甚至在某些领域和层次，现代理念也离不开传统文化的形式要素，这正是文化本身具有内在继承性的有力证明。所以，文化的现代化不是对传统的全面否定，而是对传统的升华，是传统在当代的新生。

民俗体育文化作为我国传统文化的重要组成部分，来源于民俗风情，展现着各族人民多彩的生活。其潜移默化的教育功能以及渗透力、影响力、凝聚力，使其已融入各族人民的生活，成为一种休闲生活方式。要使民俗体育文化融入我国文化现代化发展的潮流，就必须融合创造出一种新型的文化。在文化方向上，注重社会的改革和发展，突出人的创造性；在道德方面，鼓励个人情欲的自由表达，重视个性的养成和塑造。推动民俗体育文化走向现代化，应广泛汲取先进文化中的精髓，增强民间传统文化的吸引力，使其从地方文化的代表上升成为民族文化的代表，从而跻身世界强文化之林，保持旺盛的生命力和文化价值，为中国乃至世界文化作出贡献。

第三节 民俗体育旅游的类型与发展机制

一、民俗体育旅游的类型

（一）少数民族传统体育旅游

民俗体育旅游中有很大部分可以归为少数民族传统体育旅游，或两者有交叉内容。少数民族传统体育旅游兴旺与否、效益高低，取决于少数民族传统体育资源是否丰富以及这些资源开发价值的大小。这些资源既包括为体育活动的诞生、存续和发展提供合适自然条件的环境，还包括各类具有参与性、观赏性和健身价值的少数民族传统体育项目，也涉及为旅游或少数民族传统体育旅游而建设的相关服务设施。

少数民族传统体育旅游是将旅游文化与少数民族传统体育文化相融合的一种旅游业态形式，它不仅充分运用自然物态层面的旅游资源，还深入挖掘了人类自身文化活动的本质内涵，是现代旅游发展的一个重要组成部分。从广泛意义上说，少数民族传统体育旅游是旅游者在旅游运动过程中，通过体感娱乐、训练锻炼、体育比赛、休闲健身以及交流少数民族传统体育文化等活动，与旅游目的地、相关机构及社会发生联系所形成的一种综合体验。从狭义上来看，它是一种旅游活动形式，借助开展多种形式的少数民族传统体育活动来适应和满足旅游者的各种需求，从而丰富社会的文化生活。

（二）冰雪体育旅游

冰雪体育旅游是依托自然冰雪资源，吸引人们体验冰雪运动文化的旅游活动。它具有参与性、体验性、刺激性、健身性和休闲性的特点。冰雪体育旅游以冰雪项目为主要内容，游客进行短暂居住或旅游，促进了冰雪资源与旅游活动的融合。冰雪体育运动中很多项目属于民俗体育项目，如赫哲族民俗体育项目：冰上跑、冰磨、冰爬犁、滑雪、追鹿等。为更好地发展冰雪民俗体育旅游，推动相关项目的宣传，政府部门需要建立健全冰雪民俗体育文化挖掘制度，组建专家团队，对冰雪民俗体育文化进行全面的挖掘与整理，建立冰雪民俗体育文化数据库，通过文字、图片和视频等形式，将这些项目记录、保存下来，以便群众了解、学习和实践。

（三）乡村体育旅游

乡村体育旅游是一个新兴概念，它是乡村旅游与体育旅游相结合的产物，是一个多种要素的综合体，并有其自身的特点。乡村体育活动是乡村体育旅游的资源基础，乡村旅游的配套设施随着经济的发展在不断完善。乡村体育旅游的主要形式是通过体育旅游对固有的乡村资源进行开发、挖掘、融入和改造。

乡村体育旅游具备以下几个主要特征：首先，乡村体育旅游的娱乐项目适合各个年龄段、不同性别及拥有各种生活经历的人参与；其次，这些项目具有很强的游戏性、参与性和体验感，竞争和对抗激烈的活动相对较少；最后，乡村娱乐活动具有独特性，能够充分利用乡村特有的资源优势，如自然环境、人文特色和传统民俗等。这是乡村体育旅游与乡村旅游、体育旅游最大的不同之处，即融入了具有特色的体育娱乐项目与创新性的游乐、休闲内容。

随着社会的进步和经济的发展，物质需求得到满足后，人们在精神层面有了更高的追求。目前的乡村旅游产品主要为餐饮与观光项目，对于满足人们健康需求、提供深度的旅游体验的关注仍然不够。在将健康作为关注重点的社会环境之下，乡村旅游向融合体育健身元素的方向转型升级势在必行。

（四）山地户外体育旅游

当前我国山地户外体育旅游的活动项目形式多样，包括登山、攀岩、蹦极、漂流、冲浪、滑翔、攀冰、穿越、定向、滑雪、潜水、滑草、热气球、溯溪、拓展、山地自行车等，因此对其进行合理分类十分必要。分类时，要确定好分类标准。不同的分类标准，其分类结果会有很大差异。

根据项目的运动特性，山地户外体育旅游可以划分为五种类型。①休闲型。活动地点相对固定，对体能的要求较低，活动强度较小，运动技术难度较低，如露营、户外摄影、走扁带等。② 越野型。在各种户外环境中进行，对心血管功能和下肢力量要求较高，需具备一定的户外技能，如越野跑、定向寻宝等。③ 攀登型。适用于陡峭或危险的山地环境，以全身和小肌肉群运动为主，要求具备高超的攀登技巧和绳索安全技术，如攀岩、攀冰、高山探险等。④ 划桨型。属于水上运动，以上肢和躯干的运动能力为主，需掌握划桨技术，如漂流、独木舟、皮艇等。⑤ 拓展型。以上述项目为形式和手段的其他体验式教育活动，如户外拓展、场地拓展等。

按照人与自然之间的相互关系，以人为因素在山地户外运动旅游中占有的权重为判断标准，山地户外体育旅游可以划分为两种类型：一类是自然型山地户外体育旅游，即在自然环境中开展的各种体育旅游运动内容；另一类是半自然型山地户外体育旅游，即运用现代手段开展的山地户外运动，如山地越野自行车、轮滑等。

山地户外体育旅游包含不少民间传统体育项目，注重人与自然的关系，强调尊重和理解自然基础上的人类体验性活动。山地户外体育旅游具有以下特点。

第一，人与自然的和谐共处。在山地户外体育旅游整个活动过程中，必须根据自然环境的状况，遵循自然规律和环保理念。即使参与者具备高超的技能、完善的装备和较好的体能，也未必能完成所有项目。所有活动都需要极大的决心，并且要适应活动场地的特性与自然法则，活动的环境直接左右活动的结果。

第二，体现个人意志和团队精神。山地户外体育旅游既有单人活动，也有集体活动。单人活动展现了个人的意志与能力，集体活动则需要团队里的每位成员思想统一，步调一致，团结协作，互相支持，共同面对困难，才能获得成功。在山地户外体育旅游中，参与者能体验到深刻且难以忘怀的真实情感和人际温暖。因此，山地户外体育旅游能够促进参与者身心与环境和谐健康发展。

第三，存在一定风险。自然环境对人们而言始终充满未知，其危险性和危险程度难以预测。在这样的环境中进行体育旅游活动，毫无疑问会面临不同的挑战，具有探险性和不确定性。参与山地户外体育旅游，既受到场地和环境的危险因素影响，也对参与者的身体状况、技能掌握程度及其他能力有较高要求。环境和场地的不稳定性和变化性，让这类活动充满挑战。其最终目标不只是追求冒险和刺激，更在于倡导亲近自然、挑战自我，增强个人毅力、团队协作精神，提高野外生存能力等。从这个角度看，对山地户外体育旅游的探索和挑战是一种有助于身心健康发展的行为，但需正视活动中潜在的风险。

第四，必须具备良好的体能、技术和技能。竞技类山地户外体育旅游对参与者的体能有全面且严格的要求，这毋庸置疑。而对于一般的山地户外体育旅游来说，参与者同样需要掌握一定的技术和技能。外出徒步时，需要提前了解路线的风险指数以及应对不同地形的行走方式；攀爬时，应在掌握攀爬技术、下降技术和保护技术的前提下进行；露营时需要具备合理选择营地的能力；野外生火做饭也需要相关技能的支持。

总之，山地户外体育旅游项目作为民俗体育旅游的一类，更侧重于体验教育，对提高人的整体素质和团队精神上具有不可替代的作用。它融合了文化体育旅游、生态体育旅游和科技体育旅游的特点，是大众锻炼身体、提高智力的理想选择，更是推动社会进步、构建和谐社会的关键方式。

（五）生态体育旅游

生态体育是指在自然生态和人文环境中开展健身娱乐、体育竞赛和体育交流的活动，注重环境保育。生态体育旅游是指人们前往生活和工作地点以外的自然和人文环境中，参与或观赏健身娱乐、体育竞赛和体育交流等活动，以环境保护为使命，以增进健康和满足精神文化需求为目标的一种行为。

生态体育旅游的特点表现为：①健身娱乐和回归自然相融合；②旅游环境保护与开发的持续性发展。

生态体育旅游的作用是发展体育经济和促进社会进步。

生态体育旅游中也蕴含诸多民俗表演项目，如京杭运河流域的通州民俗杂技、通臂拳表演，山东段的子午门功夫、斗鸡表演、枣庄秧歌表演、梁山武术表演、聊城杂技表演等。

二、民俗体育旅游发展机制

（一）创新模式体制改革

民俗传统体育项目受特定地域环境影响，兼具民族特色、文化内涵、历史文化价值，越来越受到游客青睐。发展这类项目以及具备地方特色、历史文化价值的民俗体育活动时，可以尝试将少数民族传统体育活动与现代休闲生活相结合。

第一，要实现我国民俗传统体育长期发展，就必须不断推进体制机制改革，为民族体育活动的良性发展提供动力和支持。

第二，推进人才培养机制创新，提高民族传统体育旅游活动从业人员的素养，促进旅游行业的整体发展和质量提升。

第三，持续推动资源供给侧结构性改革，保障其在可持续发展的路上健康前行。

（二）协同合作发展

中国民俗体育旅游的发展是一个系统工程，需政府、社会各界和群众共同参与、协同发力。政策法规的制定要结合各个行业的实际情况，融合相关产业政策，把发展中国民俗体育旅游需要的资金和人力资源等要素纳入考量之中。在此基础上，加强与其他相关行业的合作，形成合力。发展初期，应积极协同政府相关部门开展规划、执行、监督工作，共同推进中国民俗体育旅游健康发展。

要与旅游部门及各相关行业协会携手合作。随着经济社会步入新的发展阶段，旅游业已从单纯的观光旅游向休闲度假旅游转型，各产业间的融合程度不断加深。因此，需要积极协调民俗体育旅游企业、各产业以及政府、企业和行业协会之间的关系，推动各个领域共同进步；主动地参与行业规范、标准和法律法规的制定；积极与国内外相关组织或机构进行合作交流，学习先进的理念和管理经验；加强对民俗体育旅游资源的保护、挖掘和开发利用，要与生态环境部门协作，提高资源保护意识。在可持续发展理念的引导下，开发资源保护类产品，有序推进非物质文化遗产类资源项目的开发，合理规划开发的顺序和方式。

目前，我国旅游业正迈入新一轮产业结构调整升级的新阶段，“大旅游”发展、“大生态”旅游将成为发展趋势，对资源环境保护的要求将更高。故此，相关部门应重视民俗体育旅游资源对经济社会发展的积极作用，推动民俗体育旅游事业健康发展。

（三）资源供给侧结构性改革

随着扶持旅游业发展的政策不断出台，我国民族民间传统体育项目迎来了发展新契机。首先，要以供给侧结构性改革为核心，优化资源配置，为民族民间传统体育旅游事业的发展创造更好的发展平台和条件；其次，合理开发民族民间传统体育旅游资源，创新管理体制，为持续稳定发展提供重要保障；最后，加大民族体育项目人才的培养投入力度，推动民族民间传统体育项目蓬勃发展。

三、民俗体育与旅游产业的共生发展路径

（一）以体旅融合为支点，促进共生单元的人才生成

民俗体育与旅游产业之间“能量”的生产与交换，必须依托于一定的物质条件，高素质专业人才队伍就是其关键。《中华人民共和国国民经济和社会发展第十四个五年规划和二〇三五年远景目标纲要》中强调，要“贯彻尊重人才方针，深化人才发展体制机制改革，全方位培养、引进、用好人才，充分发挥人才第一资源的作用”①。在后续发展中，地方政府部门应做好专业“培养”与“引进”工作，也就是着力推进“内部培养、外部引进”的体育旅游产业人才建设工作。在“内部培养”上，政府、企业、旅游局等应该携手体育旅游高校进行专业人才培养，开设体育旅游专业，课程覆盖体育、旅游、经济和管理等领域，着力培养创新型、复合型、应用型人才，同时对专业人才的输送进行定向规划，保障人才精准满足旅游产业发展需要。在“外部引进”方面，应该遵循市场化的原则，在体育旅游融合发展基础好、旅游资源比较好的地区开展人才引进工作，建立激励、保障、考评、考核制度，确保人才能在工作中有效履职。

（二）以旅游资源为主线，树立多元界面共生产业链

首先，在共生理论下，对民俗体育与旅游产业多种界面关联路径进行创新探索，需要多方主体协同提供服务，突破传统民俗体育旅游形式单一以及偏利共生的局限，坚持政府主导、市场调节、社团参与、公众受益的上下协同联动模式，这是民俗体育旅游实现经济效益的关键所在。多种界面介入产业链可采用选择介入、赞助介入、运营介入等三种形式，其中选择介入是产业链的主链条，赞助介入为基础支撑，运营介入是关键所在。在此基础上，以旅游资源与精选民俗体育项目融合为依托，结合当地实际情况加以选择，让消费者亲身体验丰富多彩的民俗体育风情，达到刺激旅游消费的目的。例如，贵阳市高坡乡云顶滑雪场充分利用当地独特的山体优势，发展群众性冰雪运动，打造出了贵州冬季冰雪体育旅游黄金线路。

其次，构建稳定的民俗地域与外部企业和社会组织间的赞助合作机

---

① 高云虹，陈敏．城市产品质量、人才聚集与城市创新［J］．中国地质大学学报（社会科学版），2023（2）：89－102.

制，保证资金投入，实现共生单元从“脱构”到“同构”的顺利转换，刺激民俗体育服务资源总量的开发。例如，宾阳炮龙节，在政府、商会、协会等多方力量的协力运作之下，其单一的形式渐趋多样化，吸引了更多的游客参与进来。

最后，在注重民俗体育旅游价值的同时，要在转型期内实现快速过渡，减少共生发展过程中对经济资源的消耗，提高体育文化旅游产业整体发展的效率和时效性。例如，南宁方特东盟乐园对资源合理再利用，推出旱地赛龙舟、东南亚花船舞等民俗体育活动，创造了旅游消费同比增长347.78%①的奇迹。

（三）基于文化核心，创建互利共生的品牌模式

“内核”指事物的本质、精华和核心，“文化内核”则是物质、精神、制度中的精髓。虽经历了从“乡土”到“离土”的社会结构变迁，但民俗文化的内核却仍根植于社会形态之中，没有因环境变迁而丢弃。“互惠共生”是共生模式的理想状态。它对各共生单元的正面性内核（物质、精神、制度）做了最充分的利用，既具有连续性、镶嵌性，又跳出了间歇性共生、偏利性共生等不利模式，稳定形成良性互惠。民俗体育与旅游产业的共生，需要以丰富的文化内核作为物质基础，同时这也是内核共生的动力源。依托区域生态特征与民俗文化特色，进行参与式互动型的深度挖掘，凸显当地民俗体育的文化内核，在各产业单元中创新整合、有机融合，提升品牌知名度、美誉度。例如，可以借鉴溱潼会船节、羌塘赛马节、泰山登山节、潍坊风筝节等成功的体育旅游合体经验，从旅游适宜性的方向将优势资源转化为优势产品、优势市场，借助渔民特色的体育旅游元素布局空间，结合“侨乡文化小镇”“刘家湾赶海园”等旅游目的地，实现旅游空间全覆盖，树立民俗体育旅游的品牌。

---

① 莫岚远，胡光磊．多彩民俗活动催热端午旅游消费市场［N］．南宁日报，2021－06－16（1）．

第三章 民俗体育旅游高质量发展与资源开发现状

第一节 民俗体育旅游高质量发展的价值

进入新发展阶段，大众对体育旅游的消费需求上升到全新高度，向着更高层次、更高水平发展。这预示着，未来我国体育旅游业要进一步向高质量方向发展。《“十四五”旅游业发展规划》提出，要借助自然、生态、人文等资源优势，结合体育开展特色文化创意产品及旅游商品的开发。民俗体育是在民间传承下来的传统性体育文化活动，大致可分为角力类、竞速类、水上类和表演类，如中国摔跤、板鞋竞速、龙舟竞渡和摆手舞等。民俗旅游是指依托一定区域或某一个民族固有的、具有特色的、地方性的民俗文化资源而开展旅游的形式。而民俗体育旅游则是民俗体育、民俗旅游的高度有机结合，是指以民俗体育活动为主线，让游客通过观看和亲身体验民俗体育的趣味与乐趣，满足出游目的的文化经济活动。

体育旅游的发展依托于体育，以打造独特的体育旅游产品作为支撑，将观光旅游与体验参与相融合，为消费者提供健身休闲体验与服务，满足其高品质体育旅游消费需求。民俗体育旅游的高质量发展是以向游客提供优质的、创新的、多样化的民俗体育旅游产品与服务，满足游客多样需求为主要目的的发展行为。民俗体育旅游的发展涉及产品、项目运营、安全体系、叙事体系打造等诸多方面，新时代背景下，党和国家将高质量发展提到前所未有的战略高度，对民俗体育旅游高质量发展的研究也自然而然受到学术界高度关注。民俗体育旅游高质量发展的价值具体体现在如下几个方面。

一、助力民族文化的交往交流交融

《关于实施旅游促进各民族交往交流交融计划的意见》[①] 中提出，借助高质量的民俗体育旅游业促进各民族文化交流和交融。一方面，民族地区可以开发独具特色的民族民俗体育文化资源，打造独具特色的民俗体育旅游项目，吸引各民族人民前往欣赏、参与，促进各民族文化交流和交融，增强民族文化认同。例如，湘西北地区依托传统节日"二月二春龙节"，开发传统武术、摆手舞、打溜子等多种民俗体育旅游项目。开展这类项目时，以中华民族团结、进步为主题思想，既展示民俗体育旅游之文化，又彰显民俗体育旅游之魅力，成为促进各民族文化交流交融，增强民族文化认同的重要途径。另一方面，通过高品质发展的民俗体育旅游，展现中华民族共同体意识，让游客在体验中了解并感知民俗体育旅游项目背后的故事及中国文化的独特韵味。党的二十大报告指出，以铸牢中华民族共同体意识为主线，加强和改进党的民族工作。民俗体育旅游的高质量发展会持续促进各民族文化的交融交流，在交流合作中产生文化共知、达成文化共识，推动民族文化的共同繁荣。例如，旅游者通过参与"壮族三月三"民俗节庆活动，体验跳芦笙这一具有地域特色的民俗体育活动，感受富有民俗体育特点的文化氛围。当地还可以通过嵌入式宣讲的方式，让游客了解青年男子吹芦笙驱赶敌人，保卫边疆的蚩尤传统故事，加深对壮族民俗体育文化及吃苦耐劳、自强不息精神的理解，促进民族文化交流。

二、推动民俗体育旅游产业链条优化

民俗体育旅游产业发展链包括产品链、协作链与价值链。产品链是产业价值链核心，协作链是产业价值链的关键节点，价值链反映产业价值与产出。首先，民俗体育旅游的发展由高质量产品链优化而成。民俗体育旅游作为国民经济新增长点，通过开发观赏型、参与型产品为游客提供高质量服务，发挥文旅消费对经济的推动作用，实现民俗旅游经济的井喷式发展，促进民俗地区第三产业及整体经济发展。其次，民俗体育旅游高质量发展可推动协作链的优化。高质量的协作链能够解决传统产业发展中存在的部门间协作问题，从而推动政府、市场、旅游地的合作，为民俗体育旅游的开展提供保障，实现从人文与自然资源主导向创新驱动发展的转型。

---

① 三部门联合实施旅游促进各民族交往交流交融计划［EB/OL］.［2022－06－28］［2025－01－17］https：//www.gov.cn/xinwen/2026－06/28/content_5698069.htm.

如广西壮族自治区印发实施《关于大力发展广西体育旅游的指导意见》，强化政府、市场、企业、旅游地合作，推动广西抢花炮、珍珠球、赛龙舟等民俗体育旅游项目的发展。在完善吃、住、行、游、购、娱等基础设施的同时，加快“运、健、学”等新业态培育，形成民俗体育旅游协作链的新动能、新优势。最终，借力民俗体育旅游高质量发展，实现价值链优化。

当前，随着我国智慧旅游服务能力的提升，民俗体育旅游借助移动电子商务、大数据应用、人工智能技术，以数字化、网络化和智能化手段营造消费场景，拓展数字价值链，提升产品价值，实现产业价值链延伸和扩展，构建出优质智慧民俗体育旅游价值链网络，获得产业收益。

三、促进体育非遗的生态性盘活

《“十四五”非物质文化遗产保护规划》提出，在保护非遗资源的基础上，合理利用旅游资源，做好体育类非遗与旅游结合的规划，在生态资源保护下，促进民俗体育旅游项目的发展，以体育非遗为核心点，为高质量发展民俗体育旅游项目提供支撑。可见，民俗体育旅游的质量对体育非遗的生态活化具有深远意义。借助体育非遗发展旅游产业，能让游客亲身感受到浓郁的文化氛围。借力民俗体育旅游的作用，助力民俗体育文化开发及创造性转化，实现体育非遗与现代旅游融合发展，推动体育非遗的保护和传承。在创新传承中体现民俗体育旅游特色，建构中华民族精神家园，并充分彰显民俗体育旅游的保护意义。例如，2022 年中国—东盟博览会设立“文化遗产旅游展区”，展示部分地区的民俗体育项目保护利用、民俗体育旅游品牌推广及体育非遗地区持续发展实例，凸显体育非遗与旅游融合的大趋势，间接促进了体育非遗的生态活化。又如，湖南汝城县政府将汝城香火龙打造成民俗体育文化遗产旅游项目，组织乡野优秀人才来保护与传承这一传统，在民俗节日前后，进行插香、叩拜、游龙及化龙专题表演，助力汝城香火龙体育非遗的生态活化。

第二节　民俗体育旅游高质量发展的困境与策略

一、民俗体育旅游高质量发展的困境

（一）产品质量低端化

民俗体育旅游产品是指民俗体育旅游经营者利用民俗体育旅游资源，

为满足旅游消费者的需求而向旅游消费者提供体验、服务等的民俗体育旅游经营活动，主要分为观赏类（如舞龙舞狮表演）与体验类（如抢花炮等）。随着体育旅游事业的发展，以观赏为主的民俗体育旅游产品在总量上逐步减少，旅游大众对产品的需求已从“有无”转变为“好坏”，更从“低层次”转变为“高品质”。但是，现阶段部分民俗体育旅游产品受市场经济的影响呈现低端化趋向。具体原因如下。

首先，缺乏经济和娱乐价值兼具的精品民俗体育旅游产品。从当前民俗体育旅游产品的开发情况来看，部分人员过于追求经济效益，推出了一批以表演为主的民俗体育旅游产品，却在情感体验及教育价值的挖掘设计上存在不足，甚至完全缺失，丢掉了高质量发展民俗体育旅游产品的基础，逐渐走向边缘化。

其次，民俗体育旅游产品失去了“原汁原味”。实地考察湘西北某村落，发现舞狮项目作为独具观赏价值的民俗体育旅游产品，却缺少可持续发展的规划及高品质的呈现方式，朝着商业演出方向发展。同时由于演员经验不足，难以展现出产品应有的“原生态”味道，无法吸引对其感兴趣的回头客。

最后，缺乏高质量品牌民俗体育旅游产品。对旅游者而言，品牌的高品质和诚信代表着产品质量，但是部分传统民俗体育旅游产品在现代商品经济以及当下主流文化的不断冲击下，其生存空间逐渐缩窄，无法实现标准化、规模化、品牌化发展。

（二）运营模式同质化

打造具有特色的民俗体育旅游运营方式，是吸引更多旅游者的基础，也是提高民俗体育旅游项目知名度和影响力的关键，更是实现高质量发展的前提。在现代商业竞争中，只有独具特色的运营方式，才能吸引更多人的参与，实现高质量的发展。然而，当前民俗体育旅游的运营方式开发与运营手段存在同质化现象，这成为民俗体育旅游实现高质量发展的桎梏，具体体现在以下两点。

一是民俗体育旅游运营开发同质化。我国部分区域开展民俗体育旅游项目时，主要采取“考察、学习、借鉴”等固定的模式，直接照搬优质旅游项目的运营思路，既缺乏对民俗体育旅游项目定位的正确理解，又没有对当地市场的社会环境等因素进行充分考量，未开展个性化的运营，导致民俗体育旅游项目运营模式同质化，最终经济效益较低。

二是民俗体育旅游运营手段同质化。当前，民俗体育旅游项目的市场准入门槛较低，在经济利益的驱动下，同一地区的民俗村落通过模仿和复制其他较成功村落的民俗体育旅游项目来发展。这种简单整合相似民俗体育旅游项目资源的方式，不仅难以实现民俗体育资源的规模效应，还容易导致民俗体育旅游项目的运营手段雷同。比如，在以山区为主的鄂西南地区，当地多数民俗体育旅游资源集中地距离游客市场较远，加之政府财政支持有限，又缺乏专业的运营团队和人才，导致当地的民俗体育旅游运营手段较为单一，项目多以短期经济效益为目标。如果某个民俗村通过民俗体育旅游项目取得经济收益，其他邻近村落往往也会效仿其成功经验。长此以往，民俗体育旅游的同质化运营不仅使原地域的游客流失，破坏了良好的市场秩序，也无法满足游客对高品质和多样化民俗体育旅游体验的需求，最终可能导致民俗体育旅游发展受阻、消费低迷，加大与其他民俗体育旅游地区发展的差距。

（三）安全保障不足

构建民俗体育旅游安全保障机制是保障旅游者在民俗体育旅游活动中人身安全健康的前提，也是应对突发事件的有效举措，高质量民俗体育旅游安全保障服务必须建立在此基础之上。党中央、国务院从战略高度对此问题十分重视，并颁布《旅游安全管理办法》《“十四五”体育发展规划》《“十四五”文化和旅游发展规划》等文件，要求完善突发公共事件应急管理机制，健全体育赛事旅游安全保障工作。各级人民政府必须把安全发展理念落实到民俗体育旅游建设和发展的各环节。然而，部分地区民俗体育旅游设施陈旧，应急机制不完善，不能及时开展安全性评估与改造翻修，无法确保民俗体育旅游活动的安全，难以守住安全底线。还有部分地区民俗体育旅游经营商缺乏安全保障意识，未建立安全警示教育机制，也没有针对危险性高的水上和角力类民俗体育旅游项目进行前期培训和现场指导等。调研发现，部分民俗体育旅游村落缺乏安全保障和管理规范，一些传统民俗体育旅游活动无法开展，传统民俗习惯性做法被迫终结。

可见，我国民俗地区民俗体育旅游安全保障机制亟待完善，民俗体育旅游安全风险防控机制急需构建。究其根源，我国民俗体育旅游资源集中分布于民族聚居区及传统村落，这些地区民俗历史文化底蕴深厚，但经济发展相对滞后，导致民俗体育旅游基础设施相对薄弱。而且，民俗体育旅游部分活动易受自然因素、突发事件的干扰，若对这类活动的安全性监管不严，又缺乏安全应急处置经验，便无法保障民俗体育旅游的安全，从而制约了民俗体育旅游安全保障机制的高质量发展。

（四）文化记忆消退

民俗体育旅游的文化记忆充当着民俗地区生生不息的“乡愁纽带”，对民俗地域传统信仰认同具有核心作用。因此，从某种意义上讲，文化记忆是促进民俗体育旅游实现高质量发展的核心精神动力。但与此同时，部分民俗地区的生存环境发生了变化，过往民俗体育旅游活动的景象渐渐淡出了人们的视野，依赖身体行为实践的民俗体育文化记忆逐渐消退，限制了民俗体育旅游高质量发展。部分村寨的民俗体育旅游资源被商品化改造，原有项目特色消退，极具传统民俗文化特色的民族聚居区建筑被拆除或改造，致使原生态文化记忆在民俗体育旅游中消逝，打破了民俗体育旅游与社会生态间的协调发展格局。例如，在三月三民俗节日期间，抛绣球、跳竹竿舞等民俗体育旅游活动被商品化、表演化，导致原生态的、充满爱情浪漫色彩等深层文化记忆的民俗体育旅游活动逐渐淡化。这种发展状态极可能造成民俗体育旅游文化记忆断层，影响民俗体育文化传承。其深层原因如下。

首先，部分地方开发民俗体育旅游活动时，以利益为导向，偏重娱乐和商业服务，过度考虑经济效益，把民俗体育项目当作传递商品信息和商品价值的载体，忽略了其本身所蕴含的文化记忆。例如，鄂西南地区在发展摆手舞民俗体育旅游的过程中，过多地关注形式，却忽略了内容，没有突出摆手舞所蕴含的民族精神和深厚的文化内涵，导致民俗体育旅游项目缺乏文化记忆。

其次，传承主体断代导致民俗体育旅游文化的记忆不断淡化。我国民俗体育自身抵御和传承的能力较差，即便有地方政策的支持，发展也较为艰难，再加上现代生活方式和城镇化的影响，乡村精英阶层外出务工，民俗传承人年龄普遍偏大，导致部分民俗体育旅游项目存在传承人断档的情况，民俗体育旅游文化的记忆不断淡化。

二、民俗体育旅游高质量发展的策略

（一）提升民俗体育旅游产品质量

第一，依托民俗体育资源，打造精品民俗体育旅游项目。《“十四五”旅游业发展规划》明确提出，利用自然生态、民族风情、边关美景的优势开展体育运动，促进具有地方特色的文创产品和旅游商品的开发。民俗地区应当将当地的民俗体育资源和民俗节庆活动等深度融合，精益求精，优先满足高质量的民俗体育旅游产品生产需求，开发出兼具教育性和娱乐性的复合民俗体育旅游精品项目，丰富游客的消费体验，满足游客的情感诉求。民俗地区可在文创产品的制作中融入民俗体育项目的创意，将工艺或手艺蕴含的生活智慧转化成民俗特色体育载体。例如，通过制作民俗体育项目的玩偶模型、具有龙狮风格的毛绒纪念品、龙舟拼装玩具、冰雪运动项目的吉祥物等民俗体育文创产品，传递项目所承载的故事和意义，传播中国民俗体育文化。

第二，借助独具特色的民俗节日活动，开发体验感丰富的原生态民俗体育旅游产品。以原生态民俗体育项目为主线，将民俗体育旅游串联起来，关注民俗体育旅游市场的需求，凭借民俗体育表演、独特的民俗风情以及自然景观来吸引游客，展示民俗体育旅游产品的原生态、体验性、观赏性、趣味性和融合性，打造“民俗体育＋”“民俗文化＋”“民俗旅游＋”的多元发展模式。例如，湘西地区通过四月八、苗年节等民俗节庆活动，融合民俗特色、民俗文化与体育精神，打造高品质民俗体育旅游产品，推出芦笙邀请赛、龙狮表演赛、高脚竞速赛等兼具观赏性和体验性的原生态民俗体育赛事旅游产品，推动体育、文化和旅游的融合发展。

第三，利用新媒体工具和信息技术手段，开发创新民俗体育旅游产品，借助民俗体育活动塑造“中国风、民俗情、本土特色”的全新民俗体育旅游品牌形象，实现民俗体育旅游产品的本土化、智能化和共享化。一方面，利用网络自媒体平台加强民俗体育旅游品牌的推广力度，通过抖音直播、微信、微博等新媒体工具进行线上推广，并结合影视、沉浸式演出等方式提升民俗体育旅游产品的质量。另一方面，运用 5G、人工智能、区块链等技术，设计“民俗体育云体验”“民俗体育云展览”等高品质的民俗体育旅游产品品牌，引领民俗体育旅游消费升级，推动民俗体育旅游产品智慧化发展。

（二）开展多元化运营模式

第一，立足区域禀赋特点，打造个性化民俗体育旅游项目。民俗体育旅游项目具备天然的地域属性，应对当地民俗体育项目精准识别和定位，立足本土区位优势，在艺术形象与运营管理上凸显本地特色，使当地民俗体育旅游项目与其他地区形成差异，给游客带来专属性的民俗体育旅游体验。例如，内蒙古多伦开展龙舟冬季滑冰旅游项目，将休闲体育运动与群众参与互动性相结合，项目具有观赏性与参与性，集运动、休闲于一体，吸引了广大国内外游客前来参观、体验。同时，要规范运营管理体系，建立监督管理机制，维护市场秩序，构建法律法规保障体系，保障项目经营者的合法权益。

第二，开发沉浸式体验的民俗体育旅游项目。民俗地区应重视游客的文化感受和体验需求。可以运用大数据分析游客的偏好，细分民俗体育项目的内容，并借助 VR 或 5D 电影等高科技手段真实再现民俗体育活动的场景，使游客能够与当地居民在民俗体育项目中进行“互动”，自主选择感兴趣的民俗体育活动场景，从而获得比传统观光旅游更深刻的沉浸式文化体验。通过突出特色化运营，主打文化深度融合的方式提高游客的代入感。比如，在壮族“三月三”节庆活动期间，推出花炮、珍珠球、板鞋竞速等民族体育项目，融入建党百年主题，设置民俗体育比赛和民俗文化知识竞答等创新环节，打造红色民俗体育旅游品牌。

第三，建立高质量的民俗体育旅游人才培养体系，培养具有多方面技能的运营人才。民俗体育旅游高质量运营，离不开专业人才的支持。民俗地区应与高校和企业合作，构建涵盖学术研究、项目决策、资源整合、运营管理、风险控制和技术指导等的人才培养体系，培育高水平的复合型人才。同时，围绕旅游者的需求，培养民俗体育旅游定制师、形象代言人以及职业线上主播等运营人才，创新民俗体育旅游项目的发展过程，打通客户端、资源端和运营端的协同路径，以人才创新驱动项目发展。

（三）健全安全机制

第一，加强对多方主体的安全教育，确保民俗体育旅游的安全稳定。民俗体育旅游安全稳定的基础在于从业者安全意识的提升。因此，要重视思想教育，加强对民俗体育旅游从业者的安全意识教育。推动民俗地区居民、民俗体育旅游企业经营者和从业者建立起自治组织，负责民俗体育旅游的治安和安全管理。通过完善安全管理体系，强化应急处理能力，让从业者树立起民俗体育旅游安全防范工作的使命感、责任感和紧迫感。针对民俗体育项目进行安全隐患排查与专项整治，尤其是对水上、武术、角力类等危险性高的项目进行细致的检查，建立应急预案，确保意外发生时能够在第一时间做出反应、处置和救援，为游客筑牢安全屏障，提升旅游体验质量。

第二，要增强民俗体育旅游风险识别、预防、应急、转移等能力，加强应对风险能力的培养，提升精确识别和判断安全风险的技术，健全游客安全警示教育体系。对于具有危险性的民俗体育旅游项目要建立标准化的风险评估机制，推进民俗体育旅游专项应急预案的完善，提升应急管理的响应和处置能力，构建系统化、科学化的安全风险防范机制。当发生自然灾害、意外伤害等情况时，各部门应快速响应，进行紧急搜救、医疗救治和善后处理等工作，防止安全风险进一步扩大。民俗地区要引入成熟诚信的保险服务，分担民俗体育旅游经营的风险，借鉴旅游平台的“六重旅游保障”“全球旅行 SOS 服务”“先行赔付”等防范模式，防范和化解安全风险，坚守民俗体育旅游安全底线。

第三，重点推进基础设施建设，夯实民俗体育旅游的安全服务基础。民俗地区需推进基础设施的标识化和智能化改造，完善安全配套服务，搭建咨询服务平台，为游客获得高质量的民俗体育旅游体验创造便利条件，实现场地的标准化和安全化监管。对存在安全隐患的场地进行有效监督和及时修缮，提高其使用效率和可持续发展能力，打造健康、有序和安全的旅游环境，提升安全风险防范的质量。

（四）构建叙事体系

第一，强化民俗体育文化叙事应用，促进民俗体育旅游文化记忆的显性表达。民俗体育旅游文化记忆是其“活”的灵魂，需要依托语言、故事、情感、表演等进行叙事化打造。借助优质民俗体育旅游文化 IP 唤醒民俗体育旅游文化记忆，通过仪式、文本、图像、话语唤醒旅游者既有的文化记忆。例如，制作特色龙舟赛、特色舞狮、特色武术等民俗体育旅游项目宣传片、纪录片，吸引外地游客。

第二，打造开放式民俗体育历史博物馆，加强对民俗体育文化记忆的保护。在民俗区域建立集文化研究、体育锻炼、非遗传承、民俗记忆于一体的“民俗体育博物馆”，收藏民俗体育项目使用的器材和文物、古代文献、图片、影像及村志等资料，展示具有地方特色的服饰及生活用品等，使游客身临其境地感受真实的民俗体育项目，延续民俗体育旅游的文化记忆。在场景式情景中寻找真实体验，能够体会到民俗体育文化的独特魅力，感知乡村民俗的变迁发展过程；将民俗体育文化的抽象记忆进行直观的视觉化呈现，能够增强游客对民俗体育的文化认知，使民俗体育旅游在历史与现实、传统与现代、个体与群体的转换中得到保护和延续，让更多的人成为民俗体育文化的受益者。

第三，拓展民俗体育文化叙事途径，延续民俗体育旅游文化的记忆。民俗体育旅游文化的记忆并非源自某种客观特性，而是源于人为建构的象征性吸引力。首先，确认民俗体育项目的国家级代表性传承人，并以其为民俗体育旅游叙事体系的核心，构建“产、学、研、销”一体化的组合体系，传承民俗体育旅游项目，延续文化记忆。其次，通过数字化技术延续民俗体育旅游的文化记忆。民俗地区可以运用数字化手段，对民俗体育旅游项目进行分类和信息化存储，建立素材数据库，为民俗体育旅游项目的传承保护与文化记忆的延续提供高质量的技术支持。

三、新质生产力赋能民俗体育旅游高质量发展

习近平总书记强调："发展新质生产力是推动高质量发展的内在要求和重要着力点。"① 创新是发展新质生产力的先导，它以新的、突破传统的经济增长模式与生产力发展的生产技术为保证，具有高科技含量、高效能、高质量的先进生产力新特质，是符合新发展理念要求的新质生产力。但发展新质生产力并非放弃传统产业，而是借助新的生产技术对传统产业进行升级改造，推动其向高端化、智能化、绿色化、科学化方向发展。这为传统产业高质量发展提供了方法遵循与理论指引。作为传统性产业，民俗体育旅游目前受到生产要素配置同质化、创新机制与技术应用不足的影响，制约行业的高质量发展。同时，民俗体育旅游担负着"支持发展具有民族风情、地方特色的传统体育活动，推进特色体育活动与区域旅游项目设计开发"等重要任务②，在促进地区经济发展与保护地域文化方面发挥着关键作用。因此，借力新质生产力赋能民俗体育旅游高质量发展是当务之急且意义重大，其价值体现为：优化民俗体育旅游生产要素配置、改善其产业样态、驱动产业的质效提升。

（一）秉持因地制宜发展原则

我国地域辽阔，不同地区在自然环境、历史文化、经济发展、科技创新等方面存在差异。因此，各地需依据实际情况制定相应的措施，探索适合自身情况的发展路径，借助新型生产力推动民俗体育旅游高质量发展。

第一，开展全面且深入的调研，广泛收集本地区自然资源、经济基础、科技创新水平等多个维度的信息，综合评估后有针对性地选取适合当地民俗体育旅游高质量发展的科技创新"动能"。只有适合当地实际情况的"动能"，才能发挥本地区民俗体育旅游资源的特色优势，开创赋能其

---

① 王晓晖，黄强．以发展新质生产力为重要着力点推进高质量发展［N］．人民日报，2024－03－12（9）．

② 葛书林，代刚．民俗体育旅游资源整合开发评估体系构建［J］．中国人口·资源与环境，2021，31（11）：165－176.

高质量发展的新局面。例如，北方可以借助“冬季自然气候”，构建“数智＋冰雪＋龙舟”的创新业态。

第二，坚持因地制宜，将“数智”融入民俗体育旅游资源的“乡土文化特色”，避免“乡土文化特色”的同质化竞争。地方政府、企业等要积极作为，以“新质”为不同地域的乡土文化特色赋能，设计差异化的民俗体育旅游产品与服务，充分展现不同地域文化独特性和多样性。借助虚拟现实（VR）或增强现实（AR）技术，还原各种民俗体育项目的历史场景，打造特色鲜明的地域文化特征虚拟数字形象，使各地民俗体育旅游的文化解说与推广更具生动性和立体感。

第三，凝聚区域间民俗体育旅游高质量发展的“合力”。加强政策引导和协同，数智技术发达地区可以借助“东数西算”① 等工程，将先进技术和生产力应用到农村、偏远地区的民俗体育旅游生产、消费等环节，激活区域内民俗体育旅游高质量发展的新生动力。此外，依托区域间的互补优势，整合资源、串线成面，将邻近区域内分散的民俗体育旅游整合成“智慧化”旅游线路，不仅加强了区域间的合作，而且实现了“新质”资源共享和客源引导互送，为构建更为紧密的区域间业态合作网络、共同推动民俗体育旅游高质量、高水平发展提供有力支持。

（二）培养新质人才服务民俗体育旅游发展

新质人才（劳动者）是民俗体育旅游高质量发展的关键支撑。在当下，加快“新质人才”培养是推动民俗体育旅游业态高质量发展的重要举措。

第一，依托各地职业技术院校等教育资源，定点培养一批“符合当地发展实际情况”并且具备数智技术应用能力的民俗体育旅游“新质人才”。同时，加大政策引导和扶持力度，鼓励区域内的产业劳动者进修提升，强化数智技术的学习和应用，培育业态的创新意识和基本能力，为产业发展注入新鲜血液。

第二，依托高校和科研机构等，编写“适用于地区性民俗体育旅游高质量发展”的新质人才培养教材，聚焦数智化转型需求，深化业态的新质人才培养。地区优势高校，应整合旅游、民俗体育、数智技术等资源，以“AI＋X”微专业等形式设立交叉性学科，招收本科生、研究生，为民俗

---

① 汪玉凯．“数据要素×”与“东数西算”：全国一体化算力网建设的关键［J］．人民论坛，2024（8）：52－56.

体育旅游的高质量发展提供“高学历人才”的支撑。此外，政府、企业和高校应建立长期稳定的协同机制，共同推动民俗体育旅游业态新质人才的培养。通过设立产学研融合专项基金等方式，巩固业态“新质人才”的培养质效。

第三，各地民俗体育旅游主管部门要推进从业人员的周期性培训。部分从业人员受土地、家庭等因素限制，难以离开当地，主管部门应开展周期性的短期培训，内容应涵盖业态的理论与实践；要与地方高校和科研机构等建立长期合作关系，聘请专家团队、专业人员开展周期性的指导，提高业态劳动者创新意识以及技术应用水平，赋能民俗体育旅游高质量发展。

（三）完善数据要素功能支撑民俗体育旅游发展

数据要素是新质生产力赋能民俗体育旅游高质量发展的关键性生产资料，但当前我国民俗体育旅游数据要素的功能尚未充分释放。因此，在业态高质量发展进程中，需要补齐数据短板，发挥数据价值，系统地支撑产业高质量发展体系构建。

第一，健全业态数据要素供给和流通监管制度，秉持“以人为本”的基本理念，引导业态数据要素价值观的正向发展。各地管理部门要结合实际情况，出台相关文件，明确数据要素收集、处理和使用的安全红线，限定数据要素体系对业态游客信息的采集、处理和使用的范围，确保所有数智技术的应用不会给游客带来不必要的困扰和风险，维护良好的业态秩序，保护消费者的基本权益。

第二，政府主导，多主体参与，全面调查和评估当地民俗体育旅游数据要素资源，包括业态自然数据资源、游客行为数据资源等，详细记录数据要素资源的类型、数量及开发潜力。同时，联合多主体制定清晰合理的数据要素标准、规范的数据要素处理流程等，确保数据要素的准确性、完整性，为民俗体育旅游高质量发展提供科学依据。与此同时，要加快业态共性数据要素资源库的建设，鼓励相关企业、科研机构等协同共建业态共性数据要素资源库，实现资源的数智化管理和共享，便于旅游企业和政府部门快速获取和利用民俗体育旅游数据要素的资源信息。

第三，业态高质量的良性发展离不开数据要素的高效流通。只有让数据“流动”起来，才能激活数据要素的新质效用，进而推动业态高质量发展体系构建，真正发挥数据要素对业态的新质赋能价值。在实践操作中，可以依托大数据交易所、共性数据要素资源库等，推动民俗体育旅游数据要素循环流转以及对生产、分配、消费、流通等各个环节的有效整合和衔接，尤其要注重对接业态数据要素的使用场景和市场需求，建立明确的数据要素业务场景和市场需求响应机制，提升赋能的效率。

第三节 民俗体育旅游资源开发现状分析

发展民俗体育旅游事业，民俗体育旅游资源是首要考量因素。旅游资源作为客观存在，能增强对游客的吸引力，激发游客观赏风光、领略美景的兴趣与动机，涵盖自然景观、人文景观、历史人物、宗教文化等内容。将这些资源与民俗体育融为一体，使游客在游玩中可体验与民俗体育活动有关的项目。也就是说，民俗体育旅游资源能让人们在异地旅游时，了解当地历史，感受他乡的民俗风情，领略异域民俗体育的内涵、精神、运动、造型、力量之美。

我国地形和气候的多样性以及民族和地域文化的多元性，造就了各具特色、丰富多彩的民俗体育资源。如北方的骑射、摔跤，沿海地区的游泳、潜水，崇山峻岭中的登山、攀岩，田间地头的秧歌、采茶舞，节日里的舞龙舞狮、祭拜神灵、叩拜宗祖等活动。可以说，每个地区、每个民族都有其独特而珍贵的民俗体育项目。由于自然与人文环境的差异，不同地区产生了不同的民俗风情和民俗体育活动，“南人善舟，北人善马”便是其生动的体现。之所以开发民俗体育旅游资源，是因为它与人们的日常生活非常贴近，能让人们主动地参与不同的民俗活动，亲身感受不同地域的民俗、文化，融入当地的特色活动，在民俗运动中收获健身和娱乐的乐趣，而不再局限于传统的观光旅游形式。

作为兼具高层次、高品位以及强参与性和体验性的文化旅游形式，民俗体育旅游因为满足了现代人追求新奇、变化、学习、认同、寻根、健身、体验和参与等心理需求，已经成为现代旅游业发展的新趋势，并将引领健康生活方式、精神文明追求、高品位休闲旅游的潮流，成为旅游业新的发展方向，亟待深度开发并推向旅游市场。

民俗体育旅游资源开发现状如下。

一、民俗体育旅游资源在各景点的开发程度不同

旅游业创造了巨大的经济价值，已成为各国国民经济发展的支柱产业。开发具有特色价值的旅游资源，吸引游客体验、分享，满足人们对美好生活的向往，是旅游事业发展的重要方向。在旅游业复兴的过程中，民

俗体育旅游作为一种新兴的旅游形式，备受大众的认可，成为景区开发中的亮点。山东潍坊的“千里民俗旅游线”，依托当地名胜古迹、历史文物、年画之乡、人文景观、自然景观、宗教文化、民间艺术、手工艺品、风味小吃等独具特色的文化，成为民俗体育旅游规划、开发、经营成功的范例。其主要旅游线路有五条，旅游者可以按照自己的兴趣和爱好挑选旅游路线。

（1）民俗旅游线路。该路线以潍坊国际风筝会为核心，依托“千里民俗旅游线”上的各个景点，根据游客的不同需求开展特色旅游项目，包括风筝之旅、乡村情怀游（体验农家生活）、民间艺术探索游、化石考古游、书法体验游、风味美食之旅、名胜古迹游等。

（2）旅游观光线路。该路线主要以青州和临朐的自然景色及人文景点为特色，涵盖云门山、驼山、玲珑山、仰天山、偶园、范公亭、沂山、石门坊、老龙湾、山旺化石以及青州博物馆等景区。

（3）休闲观光线路。该路线主要包括富华游乐园、金宝乐园、浮烟山度假区和昌乐宝石城，这些景点经过全面开发，将潍坊打造为一个设施完善，集旅游观光、度假娱乐和休闲放松于一身的现代化娱乐旅游中心。

（4）以潍坊北港为核心的海洋旅游。该路线主要涵盖海上观光、娱乐活动和海上运动项目，实现吃、住、行、游、购、娱六大要素的基本配套。

（5）依托农业高新技术走廊的田园生态旅游。潍坊到寿光的田园生态旅游项目已基本开发完成，而潍坊至青州、潍坊至诸城、潍坊至昌邑的项目将在未来逐步推进。

潍坊“千里民俗旅游线”将给游客们留下美好且难忘的记忆。

二、民俗体育旅游资源开发取得了积极效应

（一）民俗体育旅游资源开发对经济发展产生积极效应

1. 带动相关产业发展，优化民族地区产业结构

体育旅游产业一方面可以促进民族地区的旅游、商业、制造、交通、餐饮服务、金融、保险、文化卫生等行业的成长，优化产业结构；另一方面也能够在一定程度上调节和改善我国地区产业发展不均衡的问题。

2. 改善民族地区的投资环境，推动国际经济与贸易的交流与协作

民俗体育旅游业的发展能够从多维度提升民族地区的投资条件，推动国际经贸往来与协作。

第一，体育旅游业具有很强的对外依存性，有利于人们之间相互认知合作，增进了解与资源互补，为引资、扩大对外经贸互动筑牢主体条件。

第二，传统体育旅游业为经贸往来与协作夯实了物质基础，为经贸人士在观光、休闲、健身和调研提供了饮食、住宿、交通等多方面的便利。

第三，开发民俗体育旅游可以促进民族地区的人员流动和信息流动。旅游者中往往包括体育、经贸等各领域的专业人士，他们将为民族地区带来大量的信息，有助于民族地区更好、更快、更全面地了解外部世界。同时，外界的经贸人士也能够更深入地了解民族地区的社会经济发展情况，为经贸合作项目提供信息支持。这种民间的友好往来在推动经贸合作方面具有积极影响，甚至可以发挥官方渠道难以实现的作用。

3. 提高民族地区区域经济水平

我国民族地区旅游资源尤其是体育旅游资源比较丰富，且具有地域上和民族上的文化优势。因此，发展民族地区体育旅游能够给民族地区带来大量消费和投资，这种外部的“输血”将有助于提升民族地区经济发展水平，缩小与东部地区差距，推动区域经济发展。

（二）民俗体育旅游资源开发对社会文化产生积极效应

1. 促进民族对外开放

民族地区因自然风光秀丽，民族文化、艺术及体育独具特色而吸引了大量追求健康文明生活及休闲旅游的游客。民族地区的体育旅游活动是独特的民族文化的表达载体，蕴含着各民族的宗教信仰、风俗习惯、历史渊源、舞蹈艺术、神话传奇、伦理道德及民族情感等多重意义。依托体育旅游活动各民族人民连通了外界，在交流交往中，学习先进的文化技术，持续不断地推进本民族、本地区发展。

2. 促进各民族地区社会的和谐发展

体育旅游作为人们之间交往的一种活动，有助于拉近不同人群之间的距离，增进理解与友谊、合作与支持。在民族地区发展体育旅游产业，可以加强各民族间的良性互动与友好关系。这对维护民族地区的政治和社会稳定、促进民族团结以及构建和谐社会具有重要作用。

3. 推动民族文化的保存、传承和进步

体育旅游者追求富有民族特色和地方风格的旅游体验。而民族文化是现代体育旅游产业发展的灵魂。人们对异域文化的向往，尤其是渴望从民族文化中获得追新猎奇体验的心理，驱动了广大旅游者从民族文化中获得新鲜的体验。随着社会的进步，人们对民族文化的兴趣愈加浓厚，科技的发展以及现代交通和通信设施的普及，又为人们了解民族文化创造了便利的条件。这种对民族文化的了解过程，本质上也是传播民族文化的过程。

随着体育旅游活动的增加，不仅民众对于民族文化的理解逐步加深，对文物历史的保护意识也得到了增强，这促使政府相关机构采取综合性的科学措施，对文物遗迹、民间艺术和体育项目进行保护、开发和利用。通过对历史遗迹、民间艺术与体育项目开展具有组织性的调查论证，使其文化价值得到全面的认可，并且发动社会力量保护修复文化遗存，助力传统体育组织重焕生机，在现代社会中持续生存发展。

4. 促进民族地区体育科学的研究和体育技术的交流

民俗体育旅游活动的开展离不开科学技术与文化的交流，主要体现在以下两个方面。

首先，参与民俗体育旅游的人群中，有不少体育领域的专家、学者和技术人员，他们在访问旅游目的地时，往往希望与当地体育机构的人员进行交流和讨论。这既让旅游地的相关单位有机会了解体育科学技术领域的最新动态，又能获得重要的信息、技术和管理经验。

其次，为了满足民俗体育旅游者的需求，旅游目的地在开发过程中经常会对科学技术提出新的要求，并将先进的科学技术应用于体育旅游设施以及运动器材和设备的改造和建设中。

第四章 民俗体育旅游资源开发策略一——丰富民俗体育项目

第一节 锅庄舞

一、锅庄舞概述

（一）锅庄舞起源

锅庄舞，又称“擦拉”“果卓”“歌庄”“卓”等，在藏语中意为环形歌舞，是藏族的三大民间舞蹈之一，广泛流传于西藏的昌都、那曲，四川的阿坝、甘孜，云南的迪庆，以及青海、甘肃的部分地区。关于锅庄舞的起源，史书中并没有明确的记载，不过，通过对表演形式和舞蹈动作的语言分析，可以认定它属于原始的舞蹈形式。这一点在青海湟水一带大通县土家孙寨古墓出土的彩陶盆上的原始舞蹈图中得到了验证。锅庄舞可能是在原始社会的图腾崇拜、巫术舞蹈（模仿部落图腾动作的舞蹈）、祭祀誓盟仪式舞蹈等多种因素的影响下产生并发展的。锅庄舞是一种“无伴奏器乐，群舞没有节奏，没有统一音乐，众人围圈边歌边舞”的舞蹈。舞蹈时，男女手拉手围成一个圈，由一人领舞，男女之间以一问一答的形式反复对唱，无须乐器伴奏。整个舞蹈分为两段，节奏从慢到快，基本动作包括悠颤跨腿、趋步辗转、跨腿踏步蹲等，舞者的手势以撩、甩、晃为主，队形按顺时针方向移动，圆圈的大小不固定，偶尔会变换成“龙摆尾”的图案。

锅庄舞是藏族人民在长期的生产、生活中逐渐形成并不断发展的产物，既有反映劳动场景的歌舞，如“打青稞”“捻羊毛”“喂牲畜”“做青稞酒”等，也有歌颂英雄以及反映藏族风俗习惯的歌舞，如婚嫁、住新房、迎宾等。

锅庄舞在不同地域表现出不同的特点。有的地方，其旋律委婉典雅，质朴粗犷，简练深沉，拖腔悠长，似波涛滚滚，又如雄鹰翩翩展翅；另一些地方，其旋律轻盈活泼，兼具豪爽之情，舞者起舞时弯腰搭肩，舞蹈动作开始时舒缓沉稳，结尾时敏捷灵活，变化多端，整支舞蹈给人以欢腾热烈之感。

（二）锅庄舞的类型

锅庄舞分为传统锅庄舞和现代锅庄舞。传统锅庄舞带有祭祀色彩，为宗教人员、老年人所喜闻乐见，歌词和舞蹈形式较为古老，如《莲花生大师的诞生》《建立桑耶寺》《金碧辉煌的寺院》《银光闪烁的王宫》《福气财运降此地》《丰收啊丰收》等。这类舞蹈在表演时必须用特定歌词，不能随意更改，多以缓慢、稳健、古朴、庄严的形式演绎。现代锅庄舞的歌词和舞蹈表现形式更富有灵活性，主要展示农牧业生产和商业贸易情况，如《北方草原大如海》《雪白瓷碗盛三色》，是年轻人喜欢的舞蹈表现形式。

锅庄舞还可进一步细分，有用于大型宗教祭祀的“大锅庄”、民间传统节日中表演的“中锅庄”和亲友聚会时舞动的“小锅庄”；也可将其分为“群众锅庄”“喇嘛锅庄”、城市锅庄和农牧区锅庄；或者根据其用途分为“农区锅庄”“牧区锅庄”和“寺庙锅庄”。

在农业地区，锅庄舞的结构分为两大部分，即从慢节奏的歌舞逐渐过渡到快节奏。起初，男女牵手围成一个圆圈，轮流唱和，踩着节拍甩脚。歌曲临结束时，大家齐声喊“哑”，舞步随之加快，舞蹈渐入高潮，最终在热烈的快板中结束。牧区锅庄舞的层次和表演形式与农业地区的相似，但动作上有很大差异：舞者常在胸前挥动手臂，跳跃的同时向前顿步，再左右翻身，手脚同动是牧区锅庄舞的一大特色。牧区锅庄舞的动作大致可以分为两类：一类节奏较慢，舞姿优美舒展；另一类节奏较快，舞姿奔放热烈。动作多模仿动物形态，如“猛虎下山”“雄鹰盘旋”“孔雀开屏”“野兽戏耍”，强调姿态的情感变化和表现，充分彰显了藏族人民的剽悍气质。寺庙锅庄舞通常在寺庙迎宾时表演，要求严格，会预先指定领舞者（通常是德高望重的男性长者）、服装也需统一。这种舞蹈有固定的程式，舞步稳重，舞姿庄重含蓄，适合表达真挚厚重的感情。

二、锅庄舞的风格特征

(一)技术动作特征

经甘南藏族自治州碌曲县申报，锅庄舞被列为非物质文化遗产。自2012年起，当地一年一度举办的万人锅庄大赛，每年都风生水起、轰轰烈烈。参与锅庄大赛的人很多，不仅甘南地区，很多地方都有人过来参赛，这从一年一度的锅庄舞大赛中便可见一斑。在甘南涉藏地区，夏河拉卜楞锅庄舞融农、牧、宗教文化为一体，其动作可概括为开立、附胸、颤膝、左起步、托肘手、一边顺、挤牛奶、单手统袖、绕手转体、前后甩、双手绕花、碎踏摆手等，动作苍劲雄迈、粗犷质朴。迭部、舟曲分属农区、林区，迭部尕巴技术动作活泼细腻、婀娜多姿，主要有退踏步、点踏撩手、碎踏画圈、前跳点步、小跳行进、侧点步、点踏开合手、后搓步、垫步、蹿步、顿足、转身小跳等，身体轻盈如燕、动作行云流水、舞姿灵巧矫健；舟曲挪挪舞集诗、歌、舞于一体，动作小巧柔美、轻捷流畅，表现为蹭脚、拧身、甩袖走、摆胯、端肩、抬手、捂嘴笑、眼随手跟肩，多以蹦、跳、跨、甩、晃、摆、扭、撩为主，体态轻盈灵敏，舞姿妙曼、欢快、优美。

(二)锅庄舞动作样式

锅庄舞动作样式繁杂。其舞动姿态由十三种走步和九种手势构成。十三种走步即踏步、跨步、点步、滑步、拽步、吸步、磋步、踹步、悠步、摆步、退步、跳步和拖步；九种手势为拉、甩、撩、一、盖、滑、抱、搭和背。在三步一变、前退后进、脚与脚互换和四步一转、两步一转、四步一前的组合动作中，锅庄舞形成别具一格的动律风格。锅庄舞的基本队形为圆形，另外也有线形和弧形等形态。

走舞起源较早，其歌词、舞蹈表现方式也较为古朴。左脚起舞，左右脚交替走动，七步一拍，节奏由缓到快，队形变化丰富。走舞既可以是两人面对面站立，也可以是两个人依次穿插共同起舞。手臂动作主要为撩、晃、甩，肢体呈放空姿态，躯干、头颈前倾，腰后塌，臀部上翘。两腿动作主要是踩、膝关节的上下起伏颤动，上肢、下肢动作协调，由慢到快。走舞步伐变化不大，易于上手，舞姿相对单一，参与人数较多，人们常将此舞作为日常娱乐活动。

转舞则动作丰富，内容多样，常见的有二步半舞、六步舞、八步舞加拍、猴子舞等。转舞表演时，男、女自然站立，女性左手搭在男性的肩头，上身前倾，膝关节颤动，右手前后摆动；男性的手臂随着身体一起摆动。转舞包含顺圈走步、猴子对脚、孔雀吃水、山兔蹦跳等几十种动作。转舞动作难度大，对舞者要求高，推广难度大。

锅庄舞的内涵是向心的，是集体性的。著名藏族诗人伊丹才让说："锅庄是圈儿舞，锅是转圈儿，卓是舞蹈。"在跳转舞时，重心下移，双腿微屈，缓慢出脚，颤动时平稳有力并起伏多变，用交叉步和双脚前后左右踏步，伴随两臂放松挥动，旋转身躯，每一个动作都是有规律的。锅庄舞的形式是先向中心点移动，再从中心点逐渐向外扩散，体现出人与自然的协调一致。

以拉卜楞锅庄舞为例，跳拉卜楞锅庄舞时十分注重脚、膝、腰、胸、手、肩、头、眼的运用和协调。藏族男子跳舞时身着宽大的袢筒，舞蹈以上身展开、身体侧摆和踏步开始，动作幅度大，姿态舒展自如，如同雄鹰展翅翱翔。而女子的舞蹈姿态柔美，动作轻柔含蓄，似凤凰徐徐扇动翅膀起舞。总体来看，男女的舞蹈动作多含"圆"元素，特别是舞蹈进程中含有的绕袖、绕腕、翻身动作，以及击鼓动作均表现出圆体形态。拉卜楞锅庄舞，舞步稳重踏实，舞姿古朴刚健，以整齐划一的踏地为节。飘逸舒展的甩袖旋转、轻盈敏捷的翻转腾挪、舒卷开合的阵势变换，尽显拉卜楞锅庄舞与其他藏区锅庄舞相异的风格韵味。

（三）锅庄舞表演程式

锅庄舞主要由序舞、慢舞、快舞三个舞段构成。

序舞时，众人站定后，按乐曲规律合步前行，这个阶段的音乐节奏徐缓，曲调低沉浑厚、深情委婉，舞步舒展，舞姿稳健，动作轻松，双脚起落带动双臂上下协调摆动，轻缓流畅地移动。随后逐渐过渡到慢舞阶段，此时脚步仍在平缓前行，但是非常注重舞蹈情感的表达，并随着音乐节奏的加快逐渐增大幅度及力度，为下一阶段的快速舞蹈做好铺垫。快舞是锅庄舞的高潮阶段，曲调欢快奔放，最能展现锅庄舞粗犷豪爽、阳刚帅气的特点，舞者时而飞快聚拢，时而疏散旋腾、卷舒开合，收放自如。快节奏舞步敏捷如策马奔腾，挥袖成云如鹰击长空，飘然旋转似轻云笼月，衣袖飘忽如回风旋雪。舞蹈动作从慢到快转换，慢时似鸿毛轻盈飘落，无声无息；快时如龙威虎震，气势磅礴。男性甩袖有力，上肢甩袖的运动路线变化多端，旋转自如。腿部动作与手臂甩袖的动作结合，进行抬腿、擦腿、转身等较大幅度跳跃移动和步伐变化，动作粗犷、雄健有力、张力强劲，展现男子粗犷有力、威猛勇武的气势。舞蹈轨迹基本以弧形为主，整个动作节奏鲜明、气贯长虹、豪情万丈，男子舞蹈将阳刚健康之美表现得淋漓尽致，将情绪在极度欢快中宣泄殆尽。女子舞蹈动作柔和、流畅，甩袖和脚步与男子基本类似，但动作幅度较男子小，表现出女性柔美秀丽的特点。

甘肃锅庄舞在表演过程中体现出圆、稳、柔、颤，欲动必屈，无屈不动的韵律特征，这与藏族人民独特的生活环境、生活方式、风俗习惯和文化传统有着密切的关系。

（四）锅庄舞表演形式

圆是中国文化的重要精神元素，更是藏民族美学思想的集中体现，蕴含圆融、圆满、上善若水任方圆之意。锅庄舞在表演形式上多受“圆”这一元素的影响，在体态上呈“圆—转”状态，自左向右，顺时针而舞，舞程线清晰流畅，动作整齐一致，展现出锅庄舞的集体主义意识和圆圈舞蹈的和谐理念。中、小锅庄舞，舞者手拉手围成一个圆圈，然后起舞，可以有乐器伴奏，也可以用歌声来带动节奏。大型锅庄舞，舞者根据场地等因素围成多个同心圆或者排列成其他队形，善舞的长者或德高望重者居于圆心或者排头，引领大家翩翩起舞。舞蹈过程中，舞者通常先随着乐器或歌声的节奏起舞，当舞者激情高昂时，演奏者或歌唱者会适时调整音乐与歌声的节拍，以紧跟并带动舞者的节奏。锅庄舞表演队形同转经、朝圣方向一致，舞者皆是主角，视觉上彼此对等，心理上相互平衡，舞者背部或身体一侧对着观众，脸尊崇地倾向于圆心，从容而舞。

三、锅庄舞推广与发展途径

（一）锅庄舞推广途径

1. 依托民俗活动和年节庆典展演

锅庄舞可以在民俗活动和年节庆典时展演。每年农历六七月间，草原上草盛花艳、牛肥马壮，十里八寨的农牧民在依山傍水的草坪上扎起帐篷，搭灶野炊，开始为期半个月的野外生活。为丰富节日文化、促进民族团结、加强精神文明建设、构建和谐社会，节日期间人们载歌载舞，还举行赛马、射箭、摔跤、拔河、大型锅庄舞表演等活动。每年七月举办的中国·碌曲锅庄舞展演，推动了甘肃、青海、西藏、四川、云南及国内其他地区的旅游文化交流。

2. 非物质文化遗产进校园

锅庄舞作为我国优秀传统体育文化，走进校园既丰富了校园文化生活，为学生提供了娱乐活动的机会，又具有健身功能，更是促进不同民族学生交往融洽、增进民族团结、增强中华民族文化认同和传播中华优秀传统文化的好途径。因此，应积极创新，提高锅庄舞在校园的普及程度，进而实现对中华优秀传统文化的广泛推广和弘扬。

（二）锅庄舞保护发展路径

1. 数字化保护发展

《“十四五”非物质文化遗产保护规划》强调，文化产业已进入数字化和网络化的全新发展阶段，科技和文化融合，进行文化重构，激活文化遗产。数字信息技术赋能下的文化重构和中华优秀传统文化的创新性发展，使传统文化在新时代焕发出更强的生命力。在强大的数字化生存环境下，非遗影像无处不在，人们可以共同在现场，或是相聚于云端，实现文化共建共享共情。影像成为文化传播与保存的新途径，兰州大学建立的“中华丝路舞蹈数据库”，将锅庄舞纳入其中，以别样风采呈现锅庄舞不朽芳华。

2. 立法保护发展

继《中华人民共和国非物质文化遗产法》颁布之后，甘肃省出台了《甘肃省非物质文化遗产条例》，先后建立了 428 个非物质文化遗产展示传承场所。截至 2022 年 9 月，甘肃省甘南藏族自治州全面保护传承 518 项非物质文化遗产，共建成非物质文化遗产保护中心 1 处、民俗文化非物质文化遗产展览场所 7 处、表演场所 9 处，5 项非物质文化遗产代表性项目入选第五批国家级非物质文化遗产代表性项目名录，并由国务院正式公布。我们应保护好、发展好少数民族传统体育，守护好传统体育文化，建设相应的保护机制，结合《中华人民共和国体育法》提供政策保障。

3. 高校、研究机构要深入开展锅庄舞文化挖掘工作

加强锅庄舞文化挖掘整理工作，设立专门培训机构或是邀请传承人亲自传授，培养专业的锅庄舞实践指导和理论教研人才。文化的传承就是对文化的再生，要推动锅庄舞的传播方式现代化，既要注重技艺的原汁原味传递，更要关注其“活态”和“动态”的传承，以此赋予锅庄舞文化新的生命力。

第二节 万人扯绳赛

一、万人扯绳赛概述

（一）万人扯绳起源与发展

万人扯绳始于明朝洪武十二年（1379 年），已有 600 多年的历史，以前仅在临潭旧城开展。

明洪武十二年，沐英将军率军平定叛乱，屯兵洮州，其间将“牵钩”作为官兵训练身体素质的游戏引入洮州。洪武十七年（1384 年），在屯田戍边政策推行下，大量外地民众迁徙至洮州，在安世魁将军将“牵钩”传授给民间的基础上，逐渐形成扯绳习俗，成为“占年丰歉”的标志性传统习俗，促进了地方民族的融洽相处。

目前，万人扯绳赛由洮州农民文化宫委员会负责组织举办，流程分为赛前祭祀、赛前准备和正式扯绳三个部分，比赛不分民族、年龄与性别，吸引了多民族群体参与其中。2001 年，万人扯绳赛被收录进吉尼斯世界纪录；2006 年被确定为甘肃省首批非物质文化遗产；2007 年被列入《甘肃省非物质文化遗产名录》，现正申报国家级非物质文化遗产。从 2010 年起，临潭县已主办过多次“冶力关杯”中国拔河公开赛（甘肃临潭拔河节）。

在万人扯绳赛前仪式活动中，群众通过祭祀“五国爷”，祈求当年风调雨顺、国泰民安。“五国爷”即安世魁，是旧城第一任镇守使。《临潭县志》载，安世魁原籍陕西卫后所（今陕西武功县人），他有文才武略，先在武试中举，后在明初被选为红水营游击，成为武官显贵。他因功绩赫赫被封为成都府指挥，后到达洮州旧城担任边防屯田之职。在安抚居于甘青交界处的乔科喀松、昂巴昂哇、左格尼玛、果落索撒、循化南番五大部落的过程中，途经九条岭白石崖时，被土匪抢掠，不幸身亡。明太祖朱元璋封安世魁为“镇守西海感应五国都大龙王”。

（二）万人扯绳赛的时间和地点

万人扯绳赛只在正月农闲时举办，最初于正月初四、初五、初六举办，后因洮州无庆灯习惯，为庆元夜改为正月十四、十五、十六举办；每年举办一次，遇特殊情况也可以停办。

甘南藏族自治州临潭县城关镇西大街是万人扯绳比赛的场地，东西走向、南北倾斜，长1500米，宽16米。综合分析万人扯绳的历史渊源、祭祀活动和参加人数情况，可以看出万人扯绳赛在场地选址中需要有足够长、直且平坦的地段，能容纳十几万人，更关键的是要便于人群的疏散。

（三）万人扯绳的仪式过程

万人扯绳赛的流程分为三个阶段：祭拜阶段、扯绳阶段和回绳阶段。

1. 祭拜阶段

随着万人扯绳活动的发展，受临潭地区社会生活变迁的影响，祭拜内容逐渐丰富，将整个祭拜过程贯穿起来。每次比赛前，都要在一个“大庙”（洮州农民文化宫，又称“城隍庙”）内对“五国爷”和“绳头”进行祭拜。祭拜前，身强力壮的青年男子将绳头放在“五国爷”前，并将两段长三四米的绳子在洮州农民文化宫大门口前的台阶上摆放好。祭祀时，随着唢呐奏起，当地具有一定威望的中老年人和农民文化宫管委会的人员在“先生”的唱礼下，跪拜、上香、叩头、念祭文、焚祭文、念祝文，之后离开大殿，稍作休息，为下一阶段——万人扯绳活动做准备。

2. 扯绳阶段

扯绳是整个万人扯绳节的重要环节，通过展演的方式将万人扯绳的身体运动文化充分展现出来。活动内容包括连绳、扯绳、砸杠子三个部分。傍晚7点左右，来自各地的民众陆续聚集到临潭县西大街，展演时间为晚上9点开始至12点结束。“连绳”为万人扯绳展演的先决内容，源于古时军队中用的兵器“钩强”。万人扯绳的特别之处在于，拔河一般用一根绳，而万人扯绳则使用两根绳，并且每根绳上都有一个直径为60厘米的大环，需用“木杠子”将两根绳连起来。“扯绳”是万人扯绳的重头戏，随着一声炮响，万人扯绳展演达到高潮。“砸杠子”为展演的关键内容，须求快、求狠、求准，随着锤落，比赛胜负即定。每晚扯三局，连扯三天。展演结束后进入最后一个阶段回绳。

3. 回绳阶段

回绳仪式是万人扯绳活动的延续，凸显情感的融合。万人扯绳的“回绳”仪式相对简明。每年正月十七，当地德高望重的长者在大庙中向“五国爷”跪拜，告知万人扯绳已经完场，感谢“龙神”的佑护。回绳仪式增强了当地民众的向心力，仪式结束后，民众在绳上涂上保护油，将其放在厂房中保管。

这就是完整的万人扯绳活动流程。

二、万人扯绳赛的时代价值挖掘

作为非物质文化遗产，万人扯绳蕴含深厚的民族文化意义和时代价值。对其时代价值进行挖掘，对于传承和发展意义重大。

（一）健身娱乐价值

作为一项民间体育活动，万人扯绳最基本的功能是健体。

拔河无论是作为古代军事训练、民间娱乐，还是作为如今的传统运动项目，对抗性都是极强的。万人扯绳参与人数众多，男女老幼都可参与其中，竞争激烈，令人振奋。

（二）文化精神价值

非物质文化遗产是各民族独特的精神文化，是在社会发展中形成的包括群体在内的价值体系，涵盖民族的信仰、道德、社会习惯等方面内容，属于民族文化核心范畴。万人扯绳是多个民族群众参与的传统活动，其文化价值体系建立在其文化精神之上。

万人扯绳是临潭民间广泛流传的集体育运动和占年景活动为一体的祈福型祭祀活动。人们祭祀“龙神”寻求龙王保佑，祈愿来年平安、风调雨顺。这一活动不仅丰富了临潭人民的精神文化生活，促进了各民族的团结进步和共同繁荣，也在人们心中播撒下文化自信的种子，营造了喜庆、团结、文明的节日氛围。万人扯绳文化积淀了临潭人民深深的志向和追求，具有独特的文化魅力，是当地人民精神文化归属的一部分，极大地推进了当地的民族团结工作。

（三）文化认同价值

文化是人们通过共同的文化记忆，借用共同的文化符号获得同一的身份和安全感的载体，是联结民族和维系民族文化的重要纽带。临潭自古就是多元文化汇聚之地，秦陇文化、伊斯兰文化和藏文化在这里碰撞、融合，呈现出多民族多文化交融的状态。然而，这也可能成为民族关系薄弱的环节。

随着社会的发展进步，人们的思想认识也在不断提高，对于精神层面有了更高的追求。万人扯绳活动是在娱神基础上增加了娱人的因素，便于人们之间的相互交流，不论民族、性别和年龄，各族群众都可以参与，促进了民族的团结、社会的稳定和发展，增进了各民族的文化认同。这样的欢庆活动消除了各民族之间因地理位置、生活习惯、宗教信仰和传统习俗所产生的隔阂，促进各民族互相认同、互相交流。经过访谈发现，当地群众十分重视民族团结，万人扯绳所用的绳子被视为“团结之绳”。这个文化活动能够传承至今，离不开每一位临潭群众的文化认同和支持，凸显了它凝聚民族力量、维系团结局面的社会功能和价值。

（四）教育教化价值

我国作为拥有五千年文明，有着多民族、多文化的国家，在发展进程中，各民族孕育了各自独特的文化。民族传统体育文化是民族传统文化的重要组成部分，对传承民族传统文化、历史、精神都有着重要的思想教化和引导作用。民族传统体育文化是各族人民在生活实践中共同积累而成的，蕴含着价值观念和民族习俗，展示了各族人民勤劳勇敢、不畏艰险、积极拼搏的精神风貌，是中华民族智慧的结晶，更是民族精神的象征。

万人扯绳在不断传承发展的过程中，具备了显著的教育、教化作用。它是集体智慧的结晶，是经过一代又一代临潭人民不断发展、完善、传承与推广的民族民俗文化。参与万人扯绳的过程也是当地人民接受教育、教化、熏陶与浸染的过程。活动的开展增强了人们凝聚团结的意识，促进了各民族的大融合。其内容丰富深刻，以龙神传说、祭祀活动、扯绳仪式、信仰心理等为载体，逐渐内化为人们的文化基因，增强了凝聚力。

万人扯绳活动的开展有助于培养群众良好的思想品德习惯。活动不仅反映当地的民众心理、行为习惯、生活行为方式，以及民族的思想道德、哲学、美学、风土人情，还渗透百姓生产生活的方方面面，充实了人们的文化精神生活，抑制了不良行为的发生，有利于人们树立正确的人生观、价值观，推动当地精神文明建设，提高人们的生活质量。

（五）商业经济价值

体育赛事对经济发展具有强大的助推作用。万人扯绳作为传统体育文化，吸引了大量游客，推动了临潭县文化旅游产业的发展，为当地经济发展作出了巨大贡献。万人扯绳比赛期间，临潭县城会聚了当地和外地的游客，数量达数万乃至十万之众，大大促进了当地交通运输业、住宿业、餐饮业、商业和娱乐业的发展，显著提升了当地的经济效益。

临潭万人扯绳民俗与临潭旧城的民众密切相关，一旦要将它发展成为民俗旅游资源，就必须依托临潭旧城的民众基础。临潭万人扯绳作为当地民俗体育活动，是临潭旧城民众日常文化生活的组成部分，是当地民众对文化的具象表现，是长年历史沉淀的民俗成果。文化旅游是民俗旅游的一个分支，兼具文化价值和经济价值，它既是对传统文化的宣传、推动，也是当地民众经济收入增加的途径。

三、万人扯绳赛项目发展策略

（一）完善临潭基础设施，提高公共服务水平

临潭县 2020 年才实现脱贫，经济、文化、体育等领域发展水平相对落后。万人扯绳活动既缺乏完善的基础设施，公共服务质量也亟待提升，群众满意度较低。在乡村振兴背景下，当地需优先解决的问题是基础设施建设和公共服务质量提升，让群众切实得到获得感、幸福感、安全感。针对万人扯绳基础设施存在的问题，现提出以下具体策略。

首先，城关镇人民政府与洮州农民文化宫管委会协同合作，共建活动场地。政府支持是发展万人扯绳活动的基本保障，也是响应文化和旅游部号召，助力非物质文化遗产保护的举措。城关镇人民政府需结合万人扯绳的特点，牵头组织活动场地建设，联合多部门研究，制订出适合万人扯绳活动和当地发展的活动场地建设方案，确保建设工作顺利推进，相关政策落实到位。活动场地建设工程繁杂，必须长期规划，如根据旧场地淘汰原因，结合道具和人数规划场地建设规模。资金筹集方面，除争取国家非物质文化遗产专项资金外，还需要社会各界共同助力。

其次，政府的交通路线规划是提高活动安全性的关键所在。需完善县内及活动场地周边的交通网络。据统计，在最近的万人扯绳活动中，包括观众在内，实际参与者人数高达 16 万人，大量人员在短时间内聚集在一起，安全风险极高。为保障参与者安全便捷出行，临潭县交通规划要结合县城规模、场地的形态，采取灵活的交通组织模式。例如，针对道路狭窄、人流密集区域车辆通行困难的问题，适时采取人车分离的交通组织模式；或者根据活动现场的地缘位置、空间形态及流线划分情况，合理设计交通组织路网，提高县城道路通行效率，同时完善出入口道路建设，保持畅通。

（二）推动万人扯绳进入学校，增强校园文化自信教育

开展文化自信教育，增强青年对民族传统文化的自信和自豪，是发展中国特色社会主义文化的重要方向。学校作为文化知识的传播主体，是青

少年学习知识、施展才智、实现梦想的重要平台，也是传承优秀文化的前沿阵地。在新历史时期，增强文化自信教育，让青少年高度认同中华传统文化，是学校的时代使命和责任。学校应在自身固有价值、办学理念以及学科建设的基础上大力开展文化自信教育，为实现中国梦筑就坚实的人才基础。学校可以从以下方面推动万人扯绳进入校园：一是提升万人扯绳文化和内容在校园文化和体育课中的占比；二是开展以万人扯绳为核心，小型拔河为补充的活动；三是将万人扯绳与其他体育运动相融合，吸引学生了解万人扯绳活动，增强其文化自信。

（三）政府部门定期进行万人扯绳赛文化宣传

当前，政府对万人扯绳文化的保护力度欠缺，突出体现在宣传方面。因此，政府需提高重视程度，动员下属部门和社会各界力量共同参与万人扯绳文化保护。各部门要有效分工，齐心协力，引导媒体广泛宣传，借助媒体的力量对万人扯绳文化品牌进行包装，让群众认识其重要性和独特性，增强群众的文化认同感，实现万人扯绳文化的传承保护。

（四）建立合理的传承人机制，加大后备人才储蓄力度

万人扯绳这项技艺的传承和发展主要依赖师父徒弟的言传身教方式。但调查表明，其传承人的代际缺失危机日益加剧，传承人数不断减少，严重阻碍了后续传承和发展。基于目前传承现状，应从以下两点加以改善。

第一，建立相应制度，加强对传承人的保护，挖掘他们的传承潜能，稳固万人扯绳的传承基础。

第二，保障传承者权益，拓宽“代表性传承者”的遴选范围。可采用考察认定等方式，将责任心强、业绩突出的传承者培养成代表性传承者；也可通过学校教育培养传承者。

第三节　马衔山秧歌

一、马衔山秧歌概述

马衔山原生态秧歌，是兰州市榆中县一带盛行的民间歌舞形式。大都在春节期间表演，从除夕一直持续到正月十五。人们在一年辛苦的劳作之后，用这样一种欢快的形式进行放松。每年，马衔山周边的城乡村落都会表演舞秧歌，欢庆丰衣足食的生活，并祈求来年风调雨顺。

回溯历史，汉代时甘肃马衔山周边就有藏族、蒙古族等少数民族聚居。各民族长期不断相互融合、交流，铸就了马衔山文化艺术、风俗习惯的多样性。马衔山秧歌有着悠久的历史，由最初战争时的工具慢慢演化成了村落祭祀的舞蹈，具有古老、神秘的特色。当地人认为马衔山秧歌是由北宋的军中歌舞与甘肃、陕西一带有驱傩因子的汉族元宵社火融合而形成的，所以在马衔山秧歌表演中至今还能看到古代战阵和驱傩社火融合的印记。因表演时，演员们一边舞蹈和歌唱，一边手持宫灯，因此马衔山秧歌又被称为宫灯秧歌。

凭着深厚的文化内涵、完整的组织与表演形式、古老独特的风格以及鲜明的地域特色，马衔山秧歌在 2008 年被甘肃省政府列入甘肃省第二批非物质文化遗产保护名录。

马衔山秧歌包括如下内容。

（一）上香点蜡

上香点蜡环节中，上香的意思是祭祀三官（天官、火官或水官）或河神、田神、风神、雨神等。仪式开始时，秧歌队依照会首的引领聚集在庙门外，完成叩头、烧香的仪式后，面对大庙将全套节目表演一遍，以表达对神灵的敬畏。完成“敬神”仪式后，秧歌活动也就由此正式拉开了序幕。在表演过程中，秧歌队的所有演员单膝跪地，共同演唱《十炷香》（仅在点蜡烧香时演唱），营造出严肃庄重、古朴典雅的氛围，表演者要怀有虔诚之心。

（二）过街

过街是在行走中或进场前表演的一种秧歌舞蹈形式，也叫踩街。过街一般以行进速度随走随舞，动作小，变化单一，可以纵队向前行进，也可以横队交错前行。秧歌队员会走遍村子里每一个街巷，其主要作用是丰富舞蹈的变化和色彩，同时让演员做好精神准备和热身活动。

（三）跑场

跑场，又名“跳花场子”，在开阔的广场上集体进行，是秧歌的主要部分。表演时，领头的统筹指挥，演员快速变化队形，随场地大小边扭边踩出各种图形花样，再辅以变化快慢节奏，队形多为圆形，加之演员服饰艳丽，令人目不暇接。姑娘和窑婆队边舞边唱，动作优美大方，柔中有刚，跑场时的唱腔音乐热烈欢快，节奏紧凑，与舞蹈浑然一体，呈现万马奔腾之势。唱词内容丰富，题材广泛，涉及民间传说、农事、传奇故事，有先知的嘱托、地下的故事，有打油腔、有山歌，如《庄农歌》《孟姜女》等。

（四）跑旱船

跑旱船是我国民间喜闻乐见的一种歌舞戏形式，也是马衔山秧歌的重要组成部分。演出时，姑娘们手托木船，做划船状，随着秧歌舞蹈，在场上边跑边表演，逗乐耍趣。艄公手拿桨杆在前边做着划船的动作与之呼应。姑娘们边唱边舞《倒板桨》和《跑旱船》之后，艄公就地模拟划船的动作，旁边的姑娘和窑婆队跑起来，接着又唱起《船家叫艄公》《撑船婆婆》，然后将"船""划出"江面，整个表演一气呵成，为当天秧歌演出画上句号。

（五）送神——秧歌结束

送神是马衔山秧歌最后一项活动，代表闹秧歌活动结束。一般正月十五夜闹秧歌的所有活动结束后，在次日凌晨即正月十六的午夜时分举行送神仪式，即由春官大老爷带领秧歌队到村外祭拜神灵，然后敲锣打鼓，再把演出时所用道具全部焚烧。送神仪式结束后，秧歌队解散，回村时不再敲锣打鼓。

马衔山秧歌以"扭"为主，突出唱念表演，将歌唱与舞蹈完美融合，形成有机的、完整的统一体。舞蹈动作随太平鼓的鼓点有节奏性地展开，以十字步、登山步、扁担步、点踏步等为基本舞步。随着鼓点与队形的变换（打花子），穿插队形的变化，并结合多种阵图的表演，表达了马衔山劳动人民对生活的热爱，彰显了勤劳、善良、敦厚的精神追求。在欢快的锣鼓、声情并茂的秧歌演唱与悠扬婉转的胡琴伴奏下，舞蹈与歌唱相得益彰，具有独特的艺术形象和表现风格。

二、马衔山秧歌的社会文化功能

马衔山秧歌在当地的社会生活中发挥着积极的社会文化功能，主要体现为以下几方面。

（一）乡风教化和生产生活知识的传播载体

马衔山秧歌从筹划发起到服装道具制作再到排练和演出，是一个传承民俗文化和传统礼仪、实现乡风教化、传播生产生活知识和凝聚人心的过程。表演中，不论是唱的小曲、演的戏曲，还是秧歌头儿唱的太平歌、春官、马牌子的祝赞词，都要经过充分准备和训练。内容包括祝福吉祥、劝人向善、尊老爱幼、叙说农时农事、民间故事、地方传说等。马衔山秧歌曲以口耳相传为主要形式，也有一些手抄的唱词脚本。秧歌队组建后，首先要抄写秧歌唱词，然后学唱，直到演出，这一过程体现了传播知识和教化人心的作用。中华人民共和国成立前，马衔山一带识文断字的人很少，扭秧歌便成为教化乡风、传播生产生活知识、凝聚人心的重要载体。例如，《十劝人心》这首曲子劝诫人们：第一，要感恩上天；第二，要感念皇恩；第三，要劝导父母和孩子；第四，规劝兄弟姐妹、贤惠的媳妇（妯娌）；第五，是劝导女儿、做生意的人、年轻人、赌博者；第六，劝告邻里……这十条劝诫都在引导人们根据自己的角色来端正内心，走上正道，抑恶扬善，与他人和睦相处。秧歌也因此成为塑造乡村文明、教化乡风的“大乐”。

（二）村庄友好交往、和谐相处、凝聚人心的载体

秧歌队按照约定俗成的线路进行表演，每到一村，既送去了祝福，也送去了欢乐。所到之处，人们在表演场地摆上烟酒、点心、油馃子等热情犒劳社火队伍，还会在秧歌表演的间歇，将秧歌队的人请到家中招待吃饭，俗称乔饭。当然，秧歌队的表演是双向互动的，我村的秧歌队去了你村，你村要社火时也要到我村来，这种相互表演称为“走马路”。马衔山一带沿袭的秧歌“走马路”是前庄玩一天，后庄玩一天，以此类推，并且还有一个规矩：只要秧歌开始，“走马路”就不能停，风雪无阻。秧歌队所到之处都会献上赞歌，如《彩门赞》《花路村赞》《陈家沟赞》《县城赞》《商店赞》《学校赞》《街市赞》《乡村赞》《山赞》等。就在这样的你来我往、相互交流和不吝赞美中，加深了友谊，促进了团结，凝聚了人心，增进了社会和谐。

（三）锻炼和培养自我管理的乡土人才的载体

虽然一支秧歌队只有数百人或几十人，且都是自愿参加的，但要真正有效管理并不容易。既要统筹协调，也要分工明确，这就要求秧歌头必须具备较强的组织能力、协调能力和公正公平处事的能力，能够随时进行村与村之间的沟通衔接，及时处理队员之间的小摩擦、小矛盾。在活动中，管理人员不断得到锻炼，组织管理能力不断提高。这些人也逐渐成为乡村事务的核心人物，在维持乡村良好秩序和推动乡村健康发展方面发挥着重

要作用。

三、马衔山秧歌的推广与发展

马衔山秧歌是展示马衔山丰富而厚重的历史和人民精神面貌的一幅画卷。1985 年，国家启动“七五”重点科研课题“中国十大民间文艺集成”工程，榆中县文化馆积极地对马衔山秧歌开展系统性搜集、整理与挖掘，编纂出版了《榆中民歌》，为其传承打下了坚实基础。20 世纪 80 年代以后，城市文明和新潮文化迅速崛起，本土文化遭遇强烈冲击，对民俗文化产生巨大的影响，马衔山秧歌亦难独善其身。幸而传统文化本身根植于民间沃土，根深蒂固，枝繁叶茂，未真正变色变质。党的十八大以来，为推动文化强国建设，国家出台一系列文化政策大力支持传承弘扬优秀传统文化，马衔山秧歌迎来了保护传承的新机遇，主要表现在以下几个方面。

（一）政府积极为传统文化发展提供平台

近年来，随着国家对非物质文化遗产保护传承的日益重视，以及脱贫攻坚、乡村振兴等政策和举措的落实，马衔山秧歌的保护传承与榆中县社会经济的发展同频共振。传承区域内的 80 多个自然村，完成了道路硬化，村庄进行了亮化和美化，公共设施逐步完善，家家户户都建起了新房，乡村面貌发生了巨大改变。马衔山麓冷凉性蔬菜种植、药材种植，以及利用南部山区的自然优势大力发展旅游业，已形成振兴乡村经济的三大支柱产业，乡村经济的振兴促进了乡村文化活力的提升。多年来，榆中县在举办春节社火表演时，都将马衔山秧歌作为主要表演节目请进县城，增强了对其推介和保护的力度。

2019 年，榆中县文化馆在马坡乡上庄村爱心园设立马衔山秧歌传习所，为马衔山秧歌的传承、保护搭建起平台。2020 年，传习所取得省非物质文化遗产保护专项资金支持，举办了马衔山秧歌培训班，并完成了马衔山秧歌资料的走访、收集、发掘、整理工作，出版了《马衔山秧歌述略》一书。将收集、整理的秧歌资料保存在传习所进行展示，同时印制了马衔山秧歌宣传册页，制作宣传马衔山秧歌的宣传片以扩大宣传力度。吸纳马衔山秧歌流传的 80 多个行政村为会员单位，成立了马衔山秧歌协会，制作和购置了秧歌演出的服饰、道具，组织马衔山秧歌曲、春官马牌子赞歌演唱会，把 70 余首马衔山秧歌的秧歌曲制作成 MIDI 版在网络广泛传播，并在春节期间组织传承地马衔山秧歌队展演，结合乡村旅游开展马衔山秧歌舞表演，推动马衔山秧歌传承、保护和发展。

（二）激活乡村人才队伍，发挥非遗代表性传承人作用

无数传承人为马衔山秧歌的传承和发展作出了贡献。以马衔山秧歌传承人丁述学为例，从 20 世纪 80 年代中期起，他就带领人员普查全县民族民间文化与文物，长期从事文化艺术、文化遗产保护与研究工作，出版了多部成果，堪称榆中文化的“活字典”，促进了榆中县南部山区马衔山一带经济社会和文化的发展。近年来，他肩负起马衔山秧歌保护发展的使命，多次组织秧歌表演，传承传播马衔山秧歌，促进秧歌与地方民俗文化生态的整体性发展。他凭着扎实的文化功底和对马衔山秧歌文化的深刻理解，撰写了《马衔山秧歌述略》（甘肃人民出版社 2021 年出版），书中涵盖大量的马衔山秧歌的原始资料，这对马衔山秧歌的保护、传承和发展意义重大。

众多马衔山秧歌传承人正在积极推动其传承发展。进一步激活这些人才的作用，带动更多的人热爱马衔山秧歌，必将助力马衔山秧歌得到更好的传承发展。

第四节　秦安壳子棍

一、秦安壳子棍概述

“壳子棍”在甘肃省秦安县高家㞳（高堡村）流传近两个世纪，是一种技击性极强的棍法，以三棍法、五棍法组合练习的“壳子”为主干训练方法，实战演练中具有非常强的效果，不重形式，招式上讲究攻防实用，练法上讲究快节奏、多变化、力出一点，有其独特的训练方式。

这种棍法最初并无统一的名称，或称为“五尺棍”，或称为“壳壳子”等。直至 1986 年，著名的武术专家郝心莲在进行全国武术非物质文化遗产搜集整理工作时，来到秦安县高堡村，走访壳子棍习练者并观看了现场表演。在这个过程中，她得知这种棍法尚无专业且统一的名称。郝心莲在了解了高家㞳的地理环境和该棍法的特点后，认为高堡本是土山，因有了这种棍法才得名㞳（“㞳”为山顶的一根棍子）。该棍法只此一种且其演练时能如乌龟壳一样保护习练者，遂将其命名为“壳子棍”，至此“壳子棍”的名称正式确立。

壳子棍技击性强，由若干简单实用的棍法组成，在实际对打过程中应

用广泛，变化多，实战性强，与“花棍”和竞技套路武术相比，其观赏性较弱。壳子棍的主要技击特点集中体现在滑手、换手、单双头等攻防实用性上。

二、壳子棍的价值特点

壳子棍动作组合短小精悍、灵动、连贯且迅猛，适合在实战中使用。一个壳子既可以单独练习，也可以多个壳子组合练习，还可以将六十六个壳子前后交错，随意组合，连贯练习。其动作风格简洁易学，注重实用，棍法刚直暴烈，如“上山虎，下山狼”一般凶猛，单双头灵活换手调把，招式变化多样，击打效果显著。壳子棍的练习注重“击”而不注重“舞”。根据蔡龙云对中国武术“击”“舞”两门的划分，“击”重在实用，主要用于与他人对抗的实用攻防武术；“舞”则注重表演。壳子棍与其他花棍和现代竞技武术套路不同，无固定路线，无固定编排套路，不具表演性。壳子棍的招式有握把、换把、换手、滑把、滑手，阴手握把、阴阳手握把，单双头棍互相转换等，攻防兼备，以八卦阴阳变化为原则。六十四壳子棍法是根据八卦相生相克、互换原理设计的。壳子棍攻防兼备，变化无穷，实战效果明显。当代中国武术，流传最多的是套路，已部分失掉了原有的内涵和真正意义上的技击技术与攻防内容。壳子棍作为中国伏羲文化的内家棍术，在国内流传极少，属于非物质文化遗产传承内容。

壳子棍拥有一套稀有和传统的历代实战棍术训练技法，融合了枪术、鞭杆的精粹，堪称棍术精品。它是中华武术棍术的活化石，是传统武术珍品国粹，也是传统武术的宝贵教材。因此，从实用、历史、文化价值方面来看，高家山壳子棍价值尤为突出。

三、壳子棍发展路径

（一）政府和社会大力协同，以赛事推动壳子棍发展

推广和发展壳子棍的一个重要环节就是举办武术比赛活动。秦安高家山壳子棍协会尚未举办过以壳子棍为主题的武术比赛活动。只有多举办比赛，吸引广大武术爱好者参与，才能使更多的人了解壳子棍。相关部门应加强支持和引导，推进挖掘整理工作，因秦安县高家山居民文化水平相对有限，缺乏对壳子棍资料的整理和保存意识，导致没有完整的资料。建议政府部门及相关单位邀请专家教授进入高家山，对壳子棍进行深入的挖掘和整理，实现有源可讲、有书可查、有武可练，为其传承发展筑牢根基。

（二）融入高校体育课程，培育传承新生力量

壳子棍作为一项独特的民间非物质文化遗产，有着独特的地方文化价值、实用价值、健身价值及娱乐价值。加大传承力度和传播力度，将其纳入学校体育教学内容，是促进其传承发展的一种有效途径。天水师范学院蔡智忠教授撰写了《壳子棍》一书，并在与张纳新合作发表的文章中，提出将壳子棍引入学校体育教学活动，尤其在大学体育院校中进行宣传推广。开展传授初级棍和壳子棍的对比实验，结果表明学生对壳子棍十分感兴趣，对初级棍则较难适应，更容易接受壳子棍运动。壳子棍具有好学、好练、好用、好收、风格独特、实用性强等特点，学习壳子棍既有助于学生了解中国传统武术文化，又能提升学生的健身意识和自我防卫能力，助力校园体育文化发展。

（三）打破思想保守与封闭观念，加大宣传力度

长期以来，高家凼壳子棍传承局限于家族血缘内，因缺少文字和图谱资料，依赖口传心授，传里不传外，传男不传女，单传给高姓后代，与外界交流极少，是一种封闭的传承形式。要突破传统的家族、地域、实践和性别限制，需从全方位的视域去理性地认识壳子棍术的现状，正视传承危机，摒除门户之见，加强与外家武艺交流，互为借鉴，取长补短，打破姓氏和性别限制，广收门徒，像陈氏太极那样，从传子传孙转而收徒传艺，破除传统观念。如今，太极拳已走向世界，希望壳子棍也能突破地域与传承的束缚，繁荣发展，走向世界。

政府需强化责任担当，通过财政资金支持非遗传承项目，同时加强宣传力度。应与有关部门一起，借助地区武术节、节日、比赛等活动向群众宣传推广壳子棍。建议政府号召群众，利用寒暑假在场地或体育馆开展壳子棍推广和传授。目前，群众对壳子棍有所知晓，但缺乏体验，且壳子棍的流传带有一定的局限性，因而需要秉持以群众为中心的理念开展宣传和推广工作。

第五章 民俗体育旅游资源开发策略二——拓宽资源开发视域

第一节 乡村振兴视角下民俗体育旅游资源的开发路径

一、民俗体育促进乡村振兴的理论基础

党的十九大报告提出实施乡村振兴战略，明确指出要坚持农业农村优先发展，按照产业兴旺、生态宜居、乡风文明、治理有效、生活富裕的总要求，建立健全城乡融合发展体制机制和政策体系，加快推进农业农村现代化①。现阶段，国家陆续出台了《关于推进体育旅游融合发展的合作协议》《关于大力发展体育旅游的指导意见》《关于促进乡村旅游可持续发展的指导意见》等政策，推动体育和旅游融合发展。乡村旅游作为乡村经济发展的重要力量，对乡村经济的增长、产业的转型和乡村治理水平的提升具有积极作用。当下，国家经济从高速发展转向了高质量发展的新阶段。随着生活水平的提高，人们对健康的生活方式和丰富的精神文化生活的需求日益增长。闲暇时间走进田野乡间，欣赏乡村美景，体验乡村生活，追寻民族文化的认同感及归属感正成为很多人的常态。民俗体育是由广大的人民群众创造、继承与发展的，在文化认同和思维互通上天然适合与乡村体育旅游融合，为乡村振兴提供理论上的支撑。

（一）民俗体育助推乡村精神文明建设

以伦理秩序的规训推进乡风建设。“伦理平顺，人情和谐”是乡村治

---

① 龚建国，郭国富，陈明金．乡村振兴论［M］．武汉：武汉大学出版社，2023：133.

理的最美愿景，而伦理秩序的核心在于人与人之间关系的维系。传统体育项目是乡村伦理秩序的体现，乡村体育活动传递着伦理精神，它既有礼仪习俗的要求，也有根植于人们内心的伦理认同。民俗体育活动讲究特定的程序和规则，仪式化的活动模式会对民众的行为起到约束和规训的作用。在民俗文化的推广过程中，确立约定俗成和相互遵从的价值评价标准，可以对仪式化活动进行规范。通过节日仪式、祭祀活动等，在乡村社会重塑亲民、和善、互助、礼让、守信的良好内生伦理秩序，激发乡村居民的主体能动性，维系乡村社会的道德共同体，由内而外地助力乡风文明建设和乡村振兴战略落地。

借助符号再现，巩固乡民故乡情结。古语说："安土重迁，黎民之性。"受农耕文化的熏陶，人地相亲、相互依存的文化心态，已成为乡村百姓文化心理的一个组成部分。乡民怀念故土乡里的情感有助于构建"家国一体"的文化心理氛围，支持社会主义乡村文化建设。民俗体育作为乡土文化的优秀载体，针对其开放空间和特定区域的特性，可运用固定仪式模式、身体表演的形式、场域空间的建构，实现"人—事—物—象"从历史符号到现实情景的具象化再现，巩固乡民故土情感，引导人们在乡村振兴过程中齐心协力建设家乡，使乡村发展获得内在动力和主体依托。

借助身体叙事重塑乡土文化空间。民俗体育以传统民俗文化符号化的身体活动形式而存在，借助外显的文化信奉和内驱的身体叙事动机再造乡土文化记忆，具有时间的延续性和空间的凝聚力。作为乡村文化生活现实的反映载体，民俗体育借助将民俗活动中的人、事、物、象和体育运动中的形、气、体、技融合在一起的乡土身体，形成乡村审美文化，同时借助符号性身体、本我性身体、社会性身体三种表达方式来实现历史记忆、生命体验、文化建构的身体叙事功能，在乡村振兴的大文化环境下具有独特的功能价值和话语形象，能通过其独具特色的身体叙事营造出全新的乡土文化空间。

（二）民俗体育助力乡村物质文明建设

以民俗体育文化为特色活化乡村旅游资源。文化是旅游产业发展的资源和动力，旅游是文化的外现形式之一。民俗体育文化来源于村民生产生活，以乡村体育活动作为文化展示的载体，不仅蕴含了体育活动的技巧、规则及文化，还映射了当地民众的生活生产方式、价值观念以及社会关系等，既是重要的乡土文化，又是独具特色的旅游资源，更是塑造乡村形象的"名片"。在传承传统文化的进程中，它可展示新时代乡村的形象、农民的精神气质等，也可以借助其具有的互动性及活动性，为游客提供丰富的旅游体验，让游客深入感受乡村风土人情、民俗风情，增加乡村旅游的趣味性和娱乐性，为乡村体育旅游产业高质量发展注入活力，助力乡村文明建设。

民俗体育凭借多样化的价值充实乡村产业体系。首先，它具有推动乡村旅游产业增长的经济价值，通过构建“民俗体育+旅游”的模式，为乡村产业升级赋能；其次，它具备体育产业所需的健康价值，在健康中国战略的指导下，促进乡村健身休闲产业的进步，在传播民俗文化的过程中，发挥休闲健身的重要作用，实现体育竞赛与民俗文化表演的有机结合，为健康村镇建设注入动力；最后，它兼具文化创意产业所需的文化价值，在激活乡村民俗文化资源的同时，为乡村文化产业发展注入新动力，将优秀的民俗体育文化资源转化为经济发展的新优势，推动乡村文化产业的创新发展。

民俗体育技艺传承助力乡村人才振兴。民俗体育技艺是民间大众体育文化的起源，使人们在当代生活中重新看到传统体育运动的生机和创造力。传承民俗体育技艺本身是在守护和传承传统体育文化，延续和传承民俗体育精神，教育和培养新人的过程。通过开设特色民俗体育课程、邀请民俗体育非遗代表性传承人走进课堂等方式，对乡村青少年身心和文化传承产生深刻影响。此外，民俗体育技艺的传承还能发展乡村民俗体育产业，吸引民俗体育专业技术人才返乡创业，为乡村发展带来综合素质高、创新能力强的优秀体育人才，助推乡村人才振兴和产业发展。

二、在乡村振兴背景下，民俗体育与乡村旅游融合的意义

中国地域辽阔，资源丰富，各地的文化、风俗习惯都差异显著。民俗体育作为当地人民群众智慧的结晶，代表着当地的文化习俗，是群众日常谈论的话题和从事的体育活动，在群众心目中具有不可替代的地位。因此，要实现乡土文化背景下民俗体育的传承创新，就应扎根农村沃土，充分利用乡村资源，以文化为引领，发掘、彰显民俗体育内涵，助力乡村旅游业发展、促进民俗体育传承，在新时代下探寻民俗体育在乡村发展的时代价值，为乡村振兴提供新的着力点。

（一）推动乡村经济发展，实现产业振兴，助推产业转型

民俗体育极具地域特色，开展民俗体育活动，有利于提高乡村旅游知

名度，丰富乡村旅游的体育内涵，避免体育旅游步入低俗化、缺乏人文底蕴、品位低下、潜力不足的困境。同时，借助民俗体育文化，可有效促进乡村旅游产业结构的优化整合，实现乡村旅游体育与文化的融合，在传承与保护体育文化的同时，实现产业振兴的目标。民俗体育与乡村旅游融合的优势显著。一方面，针对乡村旅游缺少文化输出，民俗体育弥补了这一短板，扩展了乡村旅游文化内涵，为乡村旅游增添了新的文化亮点。另一方面，乡村旅游为体育发展提供土壤和资源，让体育、文化有了展示的舞台，为乡土文化生活注入了活力。例如，民俗体育文化可与地域传统服装或纪念品协同发展，体育文化赋予其内涵与文化色彩，服装及纪念品也能展现乡土民俗体育文化价值的精髓。在国家政策引导、地方政府资金支持、招商引资以及当地民众广泛参与等多项措施推动下，塑造具有地域特色的民族文化品牌，借助新媒体进行网络传播，快速吸引人们的关注。

依托文旅产业发展的优势，将本地区民族特色文化品牌做大做强，吸引省内外游客到当地体验消费，扩大民俗体育的受众群体，促进民俗体育的广泛传承，破解民俗体育传承难题，拓宽当地人民群众就业渠道，提高旅游消费和收入水平，推动当地旅游消费升级和产业发展。

（二）塑造民族内核，增强文化自信，实现文化振兴

文化是乡村旅游发展的核心动力，民俗体育与体育旅游的结合，极大提升了当地农民的文化认同感，从而树立起文化推动产业发展的意识与理念，转变了传统的发展观念，激发民众以主人翁的姿态积极投身于乡村体育旅游的发展。这有助于文化的更好传承，使乡村展现出全新的精神面貌。

我国民俗体育的历史悠久，蕴含着深厚的民族文化。但近代以来，由于社会生活发生了翻天覆地的变化，很多民俗体育逐渐被边缘化。因此，应整合当地资源，努力创新，才能在当前困境下实现可持续发展。可将传统体育活动与乡村旅游景点充分融合，让游客在游览乡村自然风光时，通过参加传统体育比赛，对中国传统体育文化进行了解，知晓长辈所传承下来的乡土文化习俗。过去，很多大型节日民俗活动都在农村举行，传统体育往往在农村节日中开展，有助于人们建立对中国传统体育文化的认识。传统体育还能作为“纽带”，凝聚各族人民的力量，使国民对中华传统体育文化形成认同，进而形成对中华文化的认同，成为建设社会主义文化强国的重要力量。要让传统体育成为我国文化的一个标签，向世界推介，使每个国家都全面地了解中国的传统文化以及中国人民，提升我国文化的国

际影响力，为建设社会主义文化强国助力。

（三）改善乡村治理，实现乡村善治

乡村旅游是实现乡村振兴战略的重要途径，虽然也在乡村发展进程中逐渐稳步落实，但村民参与的积极性不高，主要体现在如下方面：村民参与度不高，参与的积极性也不高，在乡村建设中被排除在发展主体之外。民俗体育在乡村民俗文化节中应用广泛，深受先辈们关注，是当地群众对自己乡土文化价值的肯定。因此，推进民俗体育与乡村旅游深度融合创新发展，需要以专业机构为支撑，保障村民基本利益，改变村民弱势地位，提升在乡村建设中的主体地位，加大话语权和参与权。乡村人口流动性小，属于典型的熟人社会，民俗体育是贴近村民日常生活的体育形式，其社会功能作用可成为加强村民之间情感的纽带。在此基础上，相关部门要组织村民积极参与，优化村民团结协作的价值观，规范文明礼仪，增强村民共同体意识，激发村民积极性，主动参与乡村旅游决策。通过收集村民的建议和对民俗体育传承人实地访谈，使不同主体共同融入乡村旅游建设决策，促进民俗体育与时俱进、顺应社会发展，实现乡村旅游和民俗体育事业的可持续、高效益发展。

三、乡村振兴视角下民俗体育旅游资源的开发路径

从乡村振兴的视角来看，推进民俗体育旅游资源开发，就是在助力乡村振兴。因此，在乡村振兴背景下，民俗体育旅游资源开发的路径选择，就是民俗体育与旅游产业相融合、助力乡村振兴的方式选择。

（一）打破民俗体育活动与旅游业融合发展的传统思想

乡村振兴若以民俗体育旅游作为突破口，就需要在思想上寻求突破，摒弃传统民俗体育活动中对旅游业发展的片面认知。民俗体育发展和旅游业的融合，可以有效提升乡村旅游对游客的吸引力。应将思想观念的转变作为深化两者融合发展的首要原则，通过持续创新民俗体育活动的模式，优化旅游服务机制，提升民俗体育活动的趣味性及丰富性，进一步激发游客的参与热情和活动意愿。在这个过程中，企业也要为民俗体育活动的管理与协调提供支持，合理运用现有资源，深度挖掘旅游潜力，为民俗体育与旅游业融合发展提供更多元化、更具吸引力的对接点，确保两者紧密结合，让民俗体育活动全方位展现产业优势。

（二）重视民俗体育仪式，发挥其情感能量作用

民俗体育资源，尤其是民俗体育活动项目，往往具有特定的仪式，而仪式是对情感的表达。民俗体育仪式借助有序的展演，将人们对生活朴实、真诚的理念以及尊师重教等社会观念传递给人们，让参与者产生情感共鸣，这就是情感的力量。这种力量能够柔化国家—社会结构中刚性的权力与社会规范，在潜在的社会规范强化过程中，培养出公众的共业情感。在乡村重建的语境下，民俗体育旅游资源的开发建设要重视民俗体育仪式蕴含的情感力量，从而推动民俗体育文化的健康传承，助力乡村建设的高效运行。

第一，发挥情感动员与情感协调功能，实现乡村社会由管理向治理的转型。与社会管理强调自上而下的行政制约不同，社会治理强调通过多主体合作、协商的方式解决社会问题，治理目标也从维护社会稳定转变为更好地满足人民群众对美好生活的需求。构建良好乡村社会治理结构，可以充分调动民俗体育仪式的情感力量，发挥其情感动员与情感协调作用。基层政府、社会组织、民俗体育传承人等主体应在协调中反映人民群众对民俗体育仪式的需求，并完善乡村治理的主体联系，畅通表达民意的渠道，倡导民众依法有序表达诉求，通过自下而上的监督回应民生需求。

第二，重视情感激发在构建群体认同中的重要价值，强化人们对乡村治理的群体性情感。可以通过完善文化建设政策及组织传承教育等方式，积极挖掘民俗体育仪式中有利于维系乡村社会秩序治理的公共性感情。在此基础上，融合传统感情与社会主流道德价值，充分发挥基层政府组织在组织民俗体育活动、保护民俗体育仪式等方面的作用，强化民众乡土文化认同感，鼓励大家参与乡村事务的协商、处理，以民俗体育仪式的情感功能，拉近基层政府与乡村民众的心理距离，促进政府与民众之间的情感双向奔赴，为推动乡村治理主体共治营造良好的局面。

（三）优化民俗体育组织“多元共治”，提升服务效能

乡村治理关系国家治理和社会治理大局，其成效关系国家的发展和社会的稳定。在新的社会治理格局下，内生的民间社会组织成为乡村社会治理的关键主体。乡村民俗体育组织通常由民俗体育能人或者村里有一定威望的长者组成，加强这类体育组织的建设是开发民俗体育旅游资源的前提，开展民俗体育活动和推广民俗体育文化，既可以满足乡村居民不断提升的体育需求，繁荣乡村文化，弘扬优良民俗，还能够在乡村建设中借助

组织的独特活动能力、自我凝聚能力，发挥协调社会矛盾、代言民众呼声的重要作用，构建“多元共治”的乡村治理新模式。

第一，构建良好的互动机制，拓展民俗体育组织参与乡村社会治理的空间，承担乡村治理的职责。在乡村治理体系中，基层政府和村委会是纵向治理的责任主体。而横向治理主体则由民俗体育组织等其他社会组织构成。通过统筹各主体资源，能够唤醒村民平等参与和充分表达的自治意识，提高乡村社会治理的弹性与韧性。政府应转变对民间组织的态度，为其参与乡村治理开辟自主性途径，如适度的权力下放与适当授权等，赋予民间组织参与乡村治理的自主权力。针对民俗体育组织，应通过沟通合作、资源支持、参与规则建立、机制评估以及目标规范等举措，构建参与乡村社会治理的良性互动机制，在政府职能转变背景下赋予其足够的信任与权限，使其在丰富乡村文化、培养体育人才、促进全民健身、助推产业发展和优化乡村体育布局等方面发挥应有的作用。

第二，发挥组织服务功能，增强民俗体育组织提供公共体育服务的能力，提高其公信力。民俗体育组织的产生源于民众对民俗体育活动的基础性需求。作为自发性群众体育组织，它能够弥补政府提供体育公共服务的不足，满足群体个性化及多层次、多样化的体育需求。增强民俗体育组织参与推动乡村发展的能力：一方面，鼓励其参与合作，通过共享资源、项目合作、联合活动等多种方式，促进乡村民俗体育发展；另一方面，加强专业人才的培养，提高组织的活动策划能力，不断创新民俗体育活动的内容，吸引民众参与和关注。要提升组织影响力，就要利用组织中具有威望的民俗体育能人的影响力和号召力，发挥组织参与调解社会矛盾、表达合理诉求、倡导互助的作用，提升组织公信力，并鼓励其与群众对接，与政府对话，构建共治共享的乡村治理新模式。

（四）开发民俗体育能人资源，引导“全民健身”新风尚

传统体育项目具有强大的生命力与活力，能够为全民健身活动提供支持，为健康乡村建设奠定坚实基础。优秀传统体育人物作为传统体育项目的核心，借助活动技巧、经济条件、个人魅力等优势，在传承保护传统文化的基础上，引导大众关注与热爱体育。精彩的技艺表演，可吸引大众开展传统体育活动，引领全民健身新风尚。

开展民俗体育竞技活动是普及民俗文化、体验体育乐趣的途径之一。民俗体育工作者可发挥自身的组织才能，与村委领导紧密联系，充分征求建议，定期开展民俗体育竞赛活动，并按年龄层次给不同类型的人群设计

适配的体育比赛内容，以有趣的技艺动作和活动，吸引人们热爱运动参与健身。此外，他们可以凭借自身的优势改进竞技比赛规则，吸引更多的人参与民俗体育竞技活动，让体育回归关注生命存在的原生态，成为引导农民热爱生活、增进健康体质、提高生活质量的有效手段。

（五）加深民俗体育与乡村旅游融合

民俗体育旅游资源的开发有利于乡村旅游的发展，而民俗体育与乡村旅游的融合，对于民俗体育旅游资源的开发具有促进作用。两者的融合应从以下三方面着手。

1. 拓展融合广度

2018年以后，乡村振兴已从经济领域扩展到文化、旅游、科教等领域，覆盖了社会发展的各个方面。为了进一步拓宽乡村旅游的融合广度，应加强体育基础设施的建设，围绕乡村风景名胜、地标建筑、景观带等，设计发展独具特色的地域性民俗体育项目，举办各类民俗体育竞技赛事等，让更多的体育活动参与者走进乡村、宣传乡村，将绿色生态发展理念融入乡村振兴，促进城乡之间的双向流动。

民俗体育作为文化振兴的重要一环，赋能乡村旅游时，必然会具有本土化特点，使乡村旅游热度更具持久力。打造特色民俗体育旅游项目，积极发展和创新体育旅游资源，需不断拓展融合广度，将传统民俗体育项目与红色旅游资源、民间文化、乡风民俗、农作物种植等深度结合起来，达成规模化、规范化、特色化的跨界融合。这既能传承、弘扬传统体育项目和各类文化，又能提供就业岗位，破解就业难题。

2. 挖掘融合深度

深入探索本地的民俗文化特征，汇聚乡村人文精神内核，以推广现代体育休闲活动，推动地方经济增长。我国是历史悠久的农业大国，辽阔多元的地理环境赋予了乡村民俗体育的丰富多彩和千差万别。举办各类农耕、农趣、农味的民俗体育活动，能进一步活化乡村，使其更具生活气息和本土特色，推动生态经济发展，打破“千村一面”的发展困局，绘就理想与现实共赢的“富春山居图”。

3. 提升融合精度

秉持“既要金山银山，又要绿水青山”的理念，以“大项目支撑，小项目扩张”的模式确定民俗体育发展定位，依托产业空间布局，引领乡村旅游发展方向。针对生态受到破坏的乡村旅游，应及时制止与修复，细化

"生态宜居"评价指标。借助民俗体育"大项目"向"小项目"经验和技术的输出，实现"小项目"促进"大项目"的多样化发展，链接数智化平台，推动区域性合作升级，实现生态和谐与经济发展共赢。当前，民俗体育与乡村旅游融合度不高，需要深入发掘和推广乡村特色民俗体育项目，凝练民族文化精髓，打造乡村发展"特色品牌"，形成一村一特色、一村一经典、一村一品牌的发展格局。

第二节　非遗保护视角下民俗体育项目传承与旅游资源的开发

一、民俗体育非物质文化遗产的相关研究

（一）非物质文化遗产保护概述

习近平总书记强调，要"推进文化自信自强，铸就社会主义文化新辉煌"①。一个国家的强大与文化的强盛密切相关，文化在社会主义文化强国和社会主义现代化国家建设的历史进程中作用显著。文化是民族的灵魂，是民族生存和发展的精神根基，也是维系不同民族之间联系的纽带。实现中华民族伟大复兴，需要借助优秀文化，凝聚广大群众的力量。将弘扬发展优秀文化与国家富强、人民幸福作为共同奋斗的目标，是国家所需，人民所愿。非物质文化遗产简称"非遗"，它是文化的结晶，承载着民族的情感，折射出优秀传统文化的内涵，展现出时代的缩影，它是数千年中华文明的历史见证，是维系民族情结、民族团结的根本所在。做好非遗保护发展工作，对于传承历史文脉、增强文化自信、建设社会主义文化强国意义重大。进入 21 世纪以来，我国非物质文化遗产保护工作遵循"保护为主、抢救第一、合理利用、传承发展"的方针。保护政策历经"抢救濒危""重点保护""生产性保护""活化性利用"等阶段。非遗保护突破了纯"公益性""消耗性"的瓶颈，大胆提出依托非遗的本身价值，以创造性的方式进行生产和利用，从而达到保护发展的目的②。当前，国家高度重视非遗保护工作，2022 年全国非遗保护工作会议指出，要"大

---

① 用新的伟大奋斗创造新的伟业［N］．人民日报，2022—10—17（6）．

② 黄永林，李嫒嫒．新世纪以来中国非遗保护政策发展逻辑及未来取向［J］．民俗研究，2023（1）：5－17，156.

力实施中华优秀传统文化传承发展工程，扎实做好非遗研究、保护、传承、利用、传播等工作，推进非遗系统性保护，全面提高新时代非遗保护传承水平”①。

（二）关于民俗体育非物质文化遗产的主要研究

近年来，国家为更好地传承与发展非物质文化遗产出台了一系列的法律法规和政策，将非遗文化的传承与保护作为民族文化发展的重点。民俗体育来源于民间的生活生产，是非物质文化遗产的重要组成部分，是在生活生产中逐渐形成并传承的群体化、模式化传统体育活动，蕴含民俗文化内涵。因此，传承与发展非物质文化遗产中的民俗体育内容，具有重要的现实意义。经过查阅和整理文献发现，目前民俗体育的研究大体分为两个方面。

1. 民俗体育作为非物质文化遗产项目亟须保护的理由

20 世纪以来，受国内外各种因素的影响，我国民俗体育文化传习与发展长期处于中断的状态，大量的民俗体育文化面临着停滞、断代乃至消亡的危险。进入 21 世纪，推动民俗体育文化传承与发展的条件依然有限，愿意了解、参与其中的群体持续减少。高亮等学者认为，民俗体育文化是中国传统文化的重要组成部分，但在当今经济全球化的背景下，国外发达国家以所谓现代文明对我国民俗体育文化的思想和经济利益造成了冲击②。盛昌繁等从体育文化层面分析，认为我们在学习国外的优秀文化时，引入的现代化的体育文化，其科技感、时代感和冲击力对民俗体育文化的生存空间造成了强烈的挤压，让更多年轻人专注于练习西方体育项目，如田径、篮球等③。陈立新等从国家层面指出我国现代化进程的迅猛发展、科技的进步、经济的飞速增长、城市化进程的加快以及人民生活水平的提高，促进了农村人口向城市转移，依托农耕文化孕育的民俗体育文

---

① 文化和旅游部召开全国非物质文化遗产保护工作会议［EB/OL］.［2022-08-27］［2025-01-21］. https://www.gov.cn/xinwen/2022-08/27/content_5707037.htm.

② 高亮，麻晨俊．解释学视角下的我国民俗体育本质解构［J］．武汉体育学院学报，2014，48（4）：31-37.

③ 盛昌繁，潘华．我国民俗体育的特征及其开发研究［J］．西南师范大学学报（自然科学版），2009，34（3）：114-118.

化，逐渐被其他消闲娱乐等运动所取代，在人民群众中的影响力日益减弱①。赵然从民俗体育的功能出发，强调民俗体育来源于百姓的日常生活，发源于民间。在传统社会中具有维系、调节、改进和教化等多种作用，是民俗功能落地的关键载体。没有民俗体育的中国是不完整的，没有民俗体育文化，中国的民俗文化将显得苍白②。韩永红从社会现状分析指出，由于城市化进程的快速推进，村落以老人与留守儿童为主，民俗体育赖以生存和发展的“土壤环境”遭到破坏，传承逐渐消逝。有些地方只有在节庆活动或政策要求下才会举办相关民俗体育活动，导致活动零散存续，而更多的村落则直接忽视了民俗体育文化③。由此可见，民间体育中的非物质文化遗产正受到多种现实因素的冲击，相较于以往任何时期都更需要对民俗体育“非遗”项目进行保护。

2. 继承与弘扬民俗体育类非物质文化遗产项目的路径

近年来，随着世界各国对文化的重视程度不断提升，国内学者也陆续对我国非物质文化遗产中民俗体育类项目传承与发展开展研究。李国印提出要坚持走政府引导下的民俗体育传承与发展之路，充分发挥政府在传承和发展方面的作用，避免民俗体育在传承和发展的过程中被时代抛弃。通过激发政府有关部门的能动性，将民俗体育活动与全民健身的发展战略相结合，加大政策倾斜以及资金投入力度，推进民俗体育基层核心建设，并根据实际情况开发出富有地方特色的民俗体育活动，借助新媒体向广大群众进行宣传推广④。李娅楠等提出，在现代社会，民俗体育应将文化与当代产业相融合，寻找民俗体育“非遗”项目与产业化结合的增长点，即重点培育和发展有本地特色的民俗体育文化产业项目，这是当前社会时代背景下对民俗体育非物质文化遗产项目进行传承和发展的合理思路⑤。陈永祥等从政策制度建设方面提出，要为民俗体育文化的传承和发展建设地方

---

① 陈立新，曹建承．非物质文化遗产中民俗体育对新农村体育文化建设的作用研究［J］．农业考古，2009（6）：184－186.

② 赵然．现代化进程中民俗体育的发展困境和出路研究［D］．南京：南京师范大学，2014.

③ 韩永红．民俗体育价值思考［J］．体育成人教育学刊，2017，33（2）：59－61.

④ 李国印．我国地方民俗体育文化的传承弘扬与保护［J］．地方文化研究，2019（6）：96－102.

⑤ 李娅楠，吕福祥．我国民俗体育文化与茶文化的相互融合与渗透［J］．福建茶叶，2018，40（7）.

性的民俗体育法律法规和发展机制，这既可以为民俗体育的传承和发展提供良好的政治保障和环境支持，也可以营造良好的民俗体育文化氛围，引导和规范群众参与民俗体育活动。

还有学者以湖南新化县为例，进行民俗体育发展与传承的探索①。在新化县，政府根据当地特色民俗体育的实际状况，在符合国家政策要求的前提下，出台了一系列适合当地民俗体育文化传承发展的措施。例如，根据实际情况制定县级武术协会的协会章程，颁布私人拳馆管理制度和拳师守则，建立定期的拳师技术考核制度，并统一管理拳师档案等。政府主导的一系列措施，不仅有效盘活了当地的民俗体育资源，缓解了当地就业问题，也促进了当地特色民俗体育文化传承发展②。

目前，我国多个省份已出台符合各省实际情况的民族民间文化保护条例，这些保护条例将对各省市民俗体育文化的传承与发展起到非常重要的促进作用，并为其提供法律的保护。据不完全统计，云南、贵州、广西、四川、福建等省份均已出台了省级民间文化遗产保护条例。

王斌等学者从传统传承与现代文化相融合的角度提出，要想让民俗体育文化更广泛地传播，需要改变人们传统的民俗文化观念，打破传统传承路径的束缚，运用新兴的信息技术手段构建高效的信息传播途径，助力大众深化对各式民俗体育文化的认知和接触，从而吸引更多的人积极参与其中。比如，充分利用目前热门的社交软件以及各类自媒体平台，依托这些平台庞大的受众群体，达到良好的民俗体育非物质文化遗产宣传效果③。

作为非物质文化遗产的民俗体育，其传承人是非物质文化遗产项目传承和发展的核心力量，应得到政府、相关部门乃至全社会的重视和保护。一方面，要构建保护传承人的机制，保障其在传承民俗体育时，有稳定的生活来源；另一方面，要打破封建思想的羁绊，推动民俗体育文化融入学校、企业、事业单位和机关部门等，注重社会后备人才的培养④。

---

① 陈永辉，白晋湘．非物质文化遗产保护视角下我国少数民族民俗体育文化资源开发［J］．武汉体育学院学报，2009，43（3）：75－80.

② 《湖南武术史》编写组．湖南武术史.［M］．湖南省武术挖掘整理内印资料. 1990：82－84.

③ 王斌，朱杰，朱坚，等．文化生态视域下民俗体育运动在高校发展的困境及破解之道［J］．体育文化导刊，2018（11）：126－130.

④ 王水利，杨建营．“非遗”武术发展的影响因素及对策探析：以苌家拳为研究个案［J］．武术研究，2020，5（2）：9－15.

总而言之，众多学者和专家从多维度对民俗体育类非物质文化遗产的保护和传承进行了研究，研究方法和角度丰富多样。

二、非遗保护视角下民俗体育项目传承与发展——以永昌节子舞为例

（一）永昌节子舞简介

永昌县是河西走廊上的重要关口，丝绸之路的要隘，自古为兵家必争之地。历史悠久、文化底蕴丰厚，人文精神浓郁。在千年的岁月流转中，当地的民俗体育融入了中华文明的民俗文化脉络，积淀了大漠戈壁厚重的历史，孕育出永昌民俗文化独有的韵味。永昌节子舞发源于甘肃省永昌县新城子镇赵定庄，赵定庄地处河西走廊“蜂腰”位置、丝绸古道的交会之处，特殊的地理位置造就了其独特的地方风俗。节子舞为当地特有的民俗体育活动，2007 年被列入金昌市市级、永昌县县级非物质文化遗产，2008 年成功申报甘肃省省级非物质文化遗产。

节子舞是具有地域特色的传统体育运动。表演者根据锣鼓点打出武术动作，形式活泼，气势雄伟，动作难度较大，队形变化丰富，表演过程充分彰显当地民俗特色，展现西北地区人民豪爽、粗犷的民风。千百年来，节子舞历经演变发展，已成为武术与阵法相融合的表现形式。

节子舞的动作主要来源于中国传统武术，如劈砍、打击、搏斗、旋转等都是节子舞的特征动作。表演时，舞者身披武士装扮，人数从数人、数十人到百人以上不等。在锣鼓的伴奏下，舞者不断变换阵形，场面十分壮观。其中，“膏药将”作为指挥者，负责调舞、引舞。舞者的造型与服装融入了中国武术元素，“膏药将”身穿红色战袍，戴着红色尖顶帽，留白胡子，左手持膏药网，右手摇拨浪鼓指挥全场，如军队的指挥官一样位于队伍中轴或前沿，根据鼓声的节奏指引阵形和动作的快慢。在膏药将的带领下，节子舞者挥舞着节子，以摆、挑、穿、刺、架、挡、踢为基本动作，而这些动作正是中国武术主要的基础动作。节子舞表演中常用的动作套路有猛虎抱头、韩信点兵、犀牛望月等，基本队形变化有一字长蛇阵、十排阵、群星聚会等。表演过程中，队形和动作变化丰富，以锣、鼓、镲为主要乐器，舞者随鼓点的强弱快慢变化而做出相应的舞步动作。

节子舞兼具运动性、娱乐性、参与性、观赏性，经常跳节子舞对人体健康非常有益，可以调节精神状态、活络筋脉、舒展身体、强健筋骨。在永昌县推广节子舞，有利于提高民众的身体素质，培育积极、乐观的生活

态度，促进当地小城镇的社会和谐，推动社会进步，对全民健身运动有着重要的推动作用。节子舞表演时，伴随着雄壮的锣鼓节奏声，舞者变换多种阵形，阵容雄壮，动作整齐划一，热情粗犷，深受当地居民的喜爱。同时，节子舞也具有促进当地社会和谐、社会进步的作用。节子舞表演时，舞者要相互帮助、团结一致，动作到位才能达到协调一致，队形变换要及时准确，才能展示出良好的观赏效果。

（二）永昌节子舞传承现状与问题

当前，节子舞的传承与发展整体上处于停滞状态。就实际情况看，节子舞的传承受制于传承人缺位、宣传不到位、文化认识不够、创新思维缺乏以及传承人群体被边缘化。随着现代经济社会的发展，节子舞传承发展难以为继，面临传承人稀缺甚至无传承人的处境。同时，传统的传承方法遵循着“传男不传女”“传内不传外”，仅有本地本村人晓得节子舞，外地人了解甚少，因此其群众参与度低、群众基础薄弱，传承群体严重短缺。在传承形式上，主要有家庭传承和师徒传承两种方式，近年来两种方式结合推进。但又出现“乡村人口外流、传承人老龄化、后继无人”的窘境，给节子舞的传承与发展带来了很大困扰，尤其是传承人老龄化问题最为突出。

对永昌节子舞传承与发展面临的主要问题分析如下。

1. 传承主体走向边缘

活态保护是非遗保护的最佳途径，而活态保护依靠人来完成。在人与非遗关系中，人是活态保护的主体。传承非遗项目的创作人、传承人、研究人及群体应得到良好的存续，且必须具备非遗项目相关的知识、技能及艺术才能，能够有效地进行传习和传承，在当地要有一定话语权与权威性。节子舞作为活态文化，离不开当地的人或群体的有效传承，然而，目前永昌县节子舞的传承主体处于边缘化的状态，主要表现为传承主体稀缺、传承主体过于依赖政府、缺乏自主性，政府职能部门对传承主体缺少必要的保护与支持，传承主体老龄化突出且出现断层，年轻人纷纷出外务工，传承主体后继乏人等问题。

2. 传承空间过于封闭

节子舞目前仅在永昌县新城子镇赵定庄有传承人，村里人认为节子舞仅属于赵定庄，外人不得传习。作为甘肃省民俗体育文化的重要组成部分，节子舞的传承长期局限在赵定庄。赵定庄人口不足两千人，随着原居民持续向外迁移，节子舞传承面临后继无人的局面。长期以来“传内不传外”的思想根植于村民意识之中，对于地域文化的保护意识极强，但却限制了节子舞向外传播发展。

3. 民俗文化内涵缺失，表演内容丧失意蕴

节子舞承载着深刻的传统文化和民俗文化内涵，在其千年传承历史中，彰显了对生命的热爱，对美好生活的追求，体现了边民在大漠戈壁、边关守土时，代代相传的奋发向上、顽强拼搏精神和时代烙印。然而，当下节子舞的开发和利用，在发掘中没有围绕体育文化、传统内涵、民族内涵进行创新，导致节子舞文化内涵、文化特色被淡化，甚至面临文化内涵消失和文化消亡的风险。如何在保持传统节子舞文化精华的基础上合理创新，使传承下来的文化更加繁荣、更加厚实、不被边缘化，需要节子舞文化的传承人、地方政府和专业人士贡献更多智慧。

传统民俗体育活动的表演形式过度修饰化，导致民俗体育活动的内容发生异变和分裂。对于节子舞的表演来说，创新过度强调了表演性，而忽视了节子舞的艺术内涵及文化内涵。传统节子舞展示的是热情激昂、豪放粗犷，艺术格调勇猛刚健、雄浑有力，套路层次分明、千变万化。如今，节子舞表演者过于注重舞蹈化，大多数表演者为女子，使得动作的刚健粗犷，转变为柔美婉转，整体表演也更为舞台化。

4. 价值功能逐渐扭曲

永昌县节子舞历史悠久，兼具健身功能与传递体育文化价值的作用。此外，它还具有怡神养志、增进交往、发展体育教育、健身、促进经济发展等社会文化价值。然而，随着城镇化进程的加速，城镇居民受市场经济观念影响，节子舞的参与者也不例外，不再只是为了喜欢节子舞而支持节子文化内涵和精神，而是以一种获取经济利益和功利化的观点传承及展示节子舞。受节子舞付出和回报不对等，以及娱乐方式多样化影响，当地年轻人对学习、表演节子舞热情不高。节子舞继承人思维观念发生转变，不再认同其价值，导致节子舞的作用功能发生变化，沦为牟利的工具。

（三）永昌节子舞传承和发展策略

1. 加大当地政府对节子舞的保护力度

政府力量是推动并辅助民俗体育文化传承的关键。节子舞的传承离不开永昌县人民政府的支持和引导。针对节子舞传承主体和客体，县政府需

要加强保护，完善节子舞项目制度保障、发展规划及政策。同时，节子舞专门机构应组建团队开展整理、挖掘、科研等工作，设立节子舞传习基地及传习组织，强化基层体育部门的管理职能。此外，政府还应给予政策、资金的扶持，优化资源配置，聚焦薄弱环节，为其传承提供必要的条件和文化环境，注入传承与发展的活力。

首先，地方政府应对传承人给予生活补贴，对列入节子舞项目的传承人授予荣誉称号和物质奖励，同时建立档案管理制度。其次，定期组织开展传承人教学，更好地将节子舞传扬下去。再次，政府应充分发挥社会组织作用，利用节子舞商业价值，促进民俗文化和商业价值融合，打造地方民俗体育品牌。最后，地方政府的高度重视和有效保护将赋予节子舞强大的生命力。只有加强对节子舞的保护工作力度，才能使节子舞真正发挥它的社会价值，从而更好地为当地小城镇建设添砖加瓦。

2. 重视对子舞演出形式进行合理的创新

民俗体育的发展必须在创新中保留它的精髓。在全球文化日益融合的形势下，中国民俗体育只有将传统民俗文化与新时代发展潮流相结合并进行创新，才能实现可持续发展。同时，在创新过程中不能为了迎合潮流而舍弃传统的精髓。

在合理化创新方面应做到以下几点：第一，政府首先要了解节子舞传承人的实际需求，尊重当地群众心理，听取节子舞表演者等多方面的意见，给予财政支持，引导节子舞合理创新；第二，相关专业人士应对节子舞的舞蹈动作、形式、队形等进行指导，推动合理化开发和利用，让其在合理范围内焕发新生；第三，当地文化部门应组织专业队伍深入实地，广泛收集、整理、发掘节子舞的文化资源、内涵和特点。节子舞需要回归根本，在舞蹈表演动作和文化内涵的传达中，保留民俗、地方特色，创新内容和形式。

总之，在对节子舞的舞台表演进行开发的过程中，要重视其文化价值。虽在现阶段为了争取更多的发展资金而主张其市场化、商业化的开发，但绝对不能因此而忽视其他方面，需在合理有序的基础上发展节子舞，否则就有使其民俗体育文化本体遭到内部解体、消亡的危险。因此，务必在继承基础上不断创新和发展节子舞。

3. 推动核心价值观意识的转化与传递

永昌县节子舞能在当地民众中代代相传、留存至今，固然与当地民众的喜爱和保护分不开。但是随着市场经济的发展，人们的观念发生了改变。调查显示，现在很少有人愿意参与节子舞的表演，主要原因归纳为两点：一是认为参加节子舞排练，是浪费时间；二是认为参加节子舞表演并不能获得多少政府的补贴。对此，当地政府和文化单位应该积极采取有效的措施。比如，加大对节子舞表演者的资金支持，转变人们的价值观，重视弘扬传统文化和伦理道德观念，提升大众对节子舞的表演和保护意识。

政府应为传承节子舞的年轻人提供相关政策与经济支持，鼓励他们投入更多的时间和精力到节子舞项目的传承及技法研究中，同时多举办节子舞演出活动，逐渐培养一支优秀的节子舞表演团体，安排他们在各校园、单位、社区进行巡回演出，让表演者能在表演中获得更多的信心和自豪感。

提升当地居民参与节子舞表演的热情尤为关键。受现代流行文化的冲击，节子舞表演吸引力大减，观看者寥寥无几，表演者也就敷衍了事。要改变这种现状，首先，应该在当地人的生活、学校和社区营造节子舞的文化氛围，将节子舞融入人们日常生活，如改编成广场舞、健身武术等健身运动内容。这既能提高人们参与节子舞的积极性，助力永昌县落实全民健身计划，又能让人们在参与这类活动中锻炼身体，丰富业余文化生活，从而促进小城镇的和谐发展。

4. 加强节子舞文化内涵的宣传和教育

永昌县的节子舞活动已经延续了上千年，其文化内涵非常丰富，但却正在逐渐被人们遗忘。因此，当地政府与非物质文化遗产部门需对节子舞文化内涵开展宣传教育，让更多人了解、喜爱节子舞，参与节子舞的传承与弘扬工作。还需要对节子舞所包含的深层理念、价值与精神等进行探寻，弄清楚其独特性以及功能与作用。

为营造节子舞文化环境，可倡议文化广场、运动场和各社区单位建立节子舞文化内涵宣传牌，设置文化墙、长廊、广场、博物馆等，定期举办节子舞文化内涵教育和竞赛活动，营造浓厚的文化氛围，提高当地居民的文化获得感和幸福感，助力重建永昌县节子舞文化生态。针对参加节子舞活动的人不了解其文化知识的实际情况，当地政府应定期开展节子舞文化内涵教育，可以由文化部门提供资料，或由传承人讲述其历史文化，或者通过录制音视频的形式详细介绍节子舞文化历史。

学校教育应广泛传播节子舞的文化内容。学校应对传统体育予以重视，有利于加快传统体育的现代化。应组织节子舞传承人及相关专家学者创编理论和实践教材，使节子舞进校园、进课堂、进课外活动。当地中小学可通过体育课、文化课、课外活动等形式传播节子舞文化，对学生进行节子舞动作的教学和训练，也可对节子舞进行改编，形成学校统一的课间操。这样既能传播节子舞文化，又能实现学生对节子舞的传承，丰富体育教学内容。

三、非遗保护视角下民俗体育旅游资源开发路径——以贵州省为例

贵州是多民族聚居的省份，包括汉族以及侗族、苗族、布依族、土家族、彝族等多个少数民族，共有省级以上非物质文化遗产 400 余处①，这些都是贵州人民在漫长的历史中创造出来的珍贵“财富”。各民族在发展过程中，孕育出了独特的民族文化。如今，贵州省打造的民俗体育文化品牌享誉全国，民族文化、生态文化、自然景观、红色文化相互融合，全面展现了贵州的魅力。

不过，相较于东南沿海发达省份，贵州民俗体育文化旅游产业仍存在整体规划欠缺、省市联动不协调、文化产业融合度不深、非物质文化缺乏强有力的保护、投入资金不足、管理机制不健全等问题，需要凝心聚力、全局谋划、科学定位、分类实施，才能打造出更具影响力的文化体育旅游名片，推动民俗体育文化旅游实现可持续、跨越式发展。

以非遗保护为主导的贵州，必须在确保非物质文化遗产得到有效保护的前提下，积极挖掘民俗文化。开展民俗体育文化旅游时，妥善协调各方面的矛盾和关系，将旅游活动与地方经济建设和非遗保护深度融合，充分开发民俗体育旅游资源，实现非遗保护与体育文化旅游的共同发展。

现对贵州省民俗体育旅游资源开发的路径展开如下分析。

（一）提高认识，促进文化旅游产业的融合发展

当前中国经济正迈向高质量发展阶段，文旅产业作为意识形态性活动，必须与经济发展相适应，既要思想上提升认知，秉持文化旅游与文化保护并重的理念，又要内涵上实现两者和谐发展。贵州省及各区州领导要有大局意识，做好文物保护、自然环境保护及社会环境保护的协同推进，将文化旅游与美丽乡村建设、新农村建设和城市社区建设充分融合。例如，黄果树瀑布作为世界级景观，其关联产业很多，可在夯实第一、第二

① 武彧．“非遗保护”视角下贵州省民俗体育旅游资源开发分析［J］．当代体育科技，2021，11（6）：206－208.

产业基础上，促进旅游等第三产业发展，实现传统村寨与现代旅游业共同发展。同时，建立文化反哺机制，从每年的旅游收入中拿出部分资金来资助非遗项目，促进传承和创新传统文化，推动民俗文化产业与旅游产业和谐共生、协同发展，为民俗体育旅游资源的开发利用确立文化发展方向。

（二）做好整体规划，分步推进实施

需设计科学合理的文化遗产保护与合理利用计划，并根据计划中设定的内容、步骤和时间节点，有序地开展相关工作，以高标准推动民俗体育旅游资源的开发。制订民俗体育保护计划时，需要关注以下两个方面：

第一，秉持科学精神。深入探讨分析民俗文化遗产的普遍价值、历史背景、演变历程和现存状况，分层次明确需要保护的项目的主要内容、核心内容及相关内容，尽量满足相关利益方的诉求，并取得大多数利益方的同意。规划方案需经专家会议讨论通过，并依据《中华人民共和国文物保护法》和《中华人民共和国非物质文化遗产法》报相关部门批准。在实施过程中，对于不科学、不完善以及新出现的问题，应及时进行纠正和解决。

第二，注重民俗文化遗产的保护与利用。贵州历史上存在两条水路和陆路文化线路，即舞阳河、清水江，以及明代的京滇古驿道与黔桂古驿道。在现代化交通兴起之前，这两条线路是西南地区云贵入中原和两广的最主要、最便捷的交通通道，是中国古代“南方丝绸之路”“苗疆走廊”和“茶马古道”的主体部分。黔东南州的境内分布着较多的文化遗址，其中古城群落极为珍贵，历史文化价值极高，为连片连线发展文化旅游产业提供了经济价值，应该纳入整体的资源开发规划，协调保护并合理开发。

（三）加大非遗保护宣传力度，筑牢民俗体育旅游发展根基

贵州开展非物质文化遗产保护、民俗体育文化旅游管理时，应做到以下两个方面。

第一，加大旅游宣传力度。宣传作为旅游的名片，是推广工作重要的一环。贵州作为旅游资源大省，丰富多彩的景点吸引着游客的目光，如黄果树瀑布驰名中外，遵义红色旅游等。宣传覆盖上，要面向国内、省内、周边省份、全方位地展开；宣传载体上，要将传统的电视、报纸、手机报等与新兴媒体充分融合，借助电视、网络、微视频等，构建起庞大的网络化、全覆盖的宣传体系。

第二，落实好非物质文化遗产保护工作，宣传相关法律法规，提升保

护意识，加大资金支持力度，加强宣传引导，实现有效保护。

（四）加大资金投入，利用大数据技术定制旅游产品

在非物质文化遗产保护的背景下，开发民俗体育旅游资源，资金是最关键的基础性要素，需通过针对性强、有效的投资来实现推动民俗体育旅游发展的目标。

第一，强化政府投资。随着非物质文化遗产项目扶持数量的增多，应该对每个项目都进行分析，给相关的资金支持建立档案，将支持的结果分类记录并进行评价，合理规划资金使用，让资金的运用切实发挥实效。

第二，完善政策扶持。比如，为鼓励市场主体降低在非遗旅游和非遗保护方面的成本，可以在非物质文化遗产旅游项目中给予税收减免政策，通过免税和减税，保证旅游企业能将更多资金投入到非遗保护和产品研发中。

第三，加大财政资助。非遗的开发受市场经济诸多因素的影响，迫切需要地方政府财政的支持来提供动力。每年应从旅游文化收入中提取一定比例的资金作为补助。同时，非遗文化项目要顺应市场经济的发展变化，根据市场需求，提升自身的价值，满足市场的变化与需要，实现由外输内养向自养的转变，最终达到推动民俗体育文化旅游发展的目的。

第四，推进资金使用评估。通过对贵州省及各地市的资金使用情况开展财政评估，提高投资针对性，及时调整投资方向，积极推动非遗旅游资源的保护与开发。

（五）逐步开发，利用市场刺激形成规模

贵州非遗种类丰富，其中部分非物质文化遗产很容易进行市场化开发，形成规模效应后便可较好地发展，还有一些则需要较大的投入才能达到预期效果。因此，开发需循序渐进，采取分步策略，分步骤实施，分项目培育，追求全面发展。对于市场效应良好、有一定产业基础的非遗文化产业，应积极开发，通过打造龙头企业进行培育，形成规模。例如，黄果树由专业旅游公司负责游客接待、管理和开发，将自然景观与人文素养相结合，使景区的旅游市场有了很大发展。对于市场规模小的非物质文化遗产，应由政府引导开展市场化经营，形成规模后放手，使其在竞争中发展。例如，黄平蜡染作为传统蜡染技艺受机器印染的冲击濒临消失，在当地政府引导下，将其与旅游相结合，开发出具有地方特色的文化旅游产品，逐渐声名远扬，成为当地的文旅产品名片。对于尚未进入市场的项

目，应把握好有利时机推进市场化发展。例如，兴义市的布依族刺绣，原本是布依族传统服饰和节日的刺绣工艺，在经济浪潮中，很多刺绣技艺遭到忽略或遗失，兴义市将该项目引入企业进行培育，积极打造龙头企业，在传承原有刺绣技艺的同时，还引进先进技术对其大幅改进，实现了布依族刺绣市场化开发。

第三节　“互联网＋”视角下民俗体育旅游资源的开发与整合

在“互联网＋”时代背景下，民俗体育旅游与互联网融合发展的空间极为广阔。丰富的民俗体育旅游资源，是构成我国民俗体育旅游发展的宝贵财富。像节庆民俗体育文化、民间歌舞蹈、游艺杂耍、竞技娱乐等。在“互联网＋”的大环境下，发展旅游业，要注重游客的体验与参与，打造能让游客自娱自乐、身临其境的项目。要实现旅游业态的转型升级，就要从导游带路、观景购物、观光旅游的传统模式，转变为游客自主体验的旅游模式。“互联网＋”背景下民俗体育旅游资源开发与整合路径如下。

一、围绕民俗体育非物质文化遗产传承，构建民俗体育旅游产业链

民俗体育“非遗”是地方乃至国家的瑰宝，在民俗体育旅游开发中极具价值。民俗体育旅游应以当地“非遗”为核心，整合周边民俗体育资源，形成旅游链。由于民俗体育“非遗”受到国家和当地的保护，它既有定期的传承演出和传承基地，又常常被当作地区性乃至全国性的标志性体育文化遗产，占据较大的社会空间。所以，民俗体育旅游开发要以文化传承为核心，借助“非遗”平台拓展自身发展空间。

民俗体育旅游资源开发需响应国家对“非物质文化遗产”传承的号召，在国家和地方政府政策支持下，联合村落民俗体育传承团队，深度挖掘资源，建设村落民俗体育旅游基地，构建产业链。开发旅游时，要统筹考虑村落与村落、村落与城镇、村落与城市之间的旅游资源整合，与其他旅游资源，如古村落的传统文化、宗教文化、农业文化、自然环境等协同开发，形成地区旅游产业链。通过文化的多样性和旅游景观的丰富性，提升市场成熟度，使民俗体育的深度开发与周围旅游资源之间形成互补，在保护、传承传统文化的同时增加旅游市场的广度。

二、开展民俗体育旅游区域合作，打造片区民俗体育旅游综合体

扩大民俗体育旅游的影响力并拓展市场，是民俗体育旅游资源开发的关键。当前民俗体育旅游发展存在不足，覆盖面窄，仍以传统旅游方式为主导，且处于从属地位，主要原因是体育旅游起步较晚，开发领域有限。

在“互联网＋”时代，人际关系突破了时空限制，区域合作和全域旅游理念契合了时代发展的需求。构建各级民俗体育旅游文化圈，形成全域民俗体育旅游产业格局，开展城市互动合作是发展的有效路径。例如，河南省以省会郑州为核心圈，以洛阳、南阳、安阳、开封、商丘、周口作为外延圈，开展品牌建设，通过互联网凸显城市联合特点，为游客提供全面的民俗旅游产品系列，大大拓宽了游客游览的时间和空间。

“互联网＋”时代，应坚持“以点带面”引领区域发展。例如，民俗体育旅游综合体可驱动体育旅游市场扩容，整合优势资源，吸引人流，开拓市场。传统体育旅游包括休闲度假型旅游、传统节日型旅游、观赏体育表演旅游、观赏体育比赛旅游、体验民俗体育仪式旅游和边旅游边参与型旅游等。开发民俗体育旅游资源，可将地区村落中的运动项目联系起来，并同当地景观、田园风光、名人故居等旅游景点紧密关联，打造集度假、休闲、娱乐、健身于一体的体育旅游综合体，构建区域性民俗体育旅游市场产业链，拓宽农村民俗体育旅游的发展通道。

三、提升民俗体育旅游产品质量

旅游要具有高度的参与性和体验感，就需要依赖高质量的服务体系。如果服务体系不完善，游客的参与度和体验感就会大打折扣。所以，旅游产品质量是“互联网＋”时代背景下，民俗体育旅游发展需要重点关注的问题。产品质量的提升，尤其是服务质量的提升，不仅是景区传统岗位人员和导游司机服务质量的提升，还包括塑造参与性和体验感方面质量的提升。例如，游客在感受南阳独特的婚俗文化，扮演新郎新娘的过程中，能够产生代入感、形成沉浸式的旅游体验。游客的情绪会被浪漫的婚礼氛围所感染，这是增强沉浸感和体验感的关键。这也对旅游从业者提出了更高的要求，需持续开展服务研究，不断提升专业能力。

四、对民俗体育旅游科学定位，促进科学化发展

我国大部分省份都有众多的民俗体育旅游活动，可通过科学方式筛选

和开发。重点开发传承弘扬优秀传统、反映时代特色、积极向上的民俗体育旅游项目，最终打造出彰显时代特征的民俗体育旅游新格局。“互联网+”时代，在线上线下的共同发展态势下，民俗体育旅游要借助自媒体网络宣传，运用虚拟现实技术开发虚拟旅游体验产品，再与线下的民俗体育旅游活动设计策划紧密联动，实现线上和线下协同发展。

五、“互联网+”结合民俗体育旅游资源，构建民俗体育旅游体系

“互联网+体育”是新兴的体育旅游消费模式，互联网与民俗体育旅游资源融合，能快速推广民俗体育旅游，完善产业链，并且促进行业消费。将“互联网+”与民俗体育旅游资源系统化整合，不仅能实现民俗体育旅游知识的传播，还能方便游客提前准备。

农村交通不发达，信息传递较慢，制约了民俗体育旅游发展。但是借助互联网实现资源共享、加强对外传播，开发旅游手机软件，为游客提供信息查找、购票、游览方案等一站式服务，可助力旅游市场的运营和发展。

六、“互联网+”打造民俗体育旅游产业链

“互联网+”的显著优点在于整合经济资源和共享信息，助力构建互联网商业模式。新时代背景下，“互联网+”企业能够打造网络化的商业模式，创新管理方法和营销方式。将互联网应用于民俗体育旅游领域，能实现商业网络管理和信息传播，提高商业运作效率，助力经济效益提升。

“互联网+民俗体育旅游”最重要的商业模式就是“O2O 商业模式”(online to offline)，可理解为线上+线下。O2O 分为两种：一是从线上到线下，即游客通过 App 线上购买、预订，在线下实际场所（旅游目的地）体验服务；二是从线下到线上，即游客在实际场所（旅游地）接受服务后，反向在线上进行分享互动。O2O 模式实现了线上和线下的完美结合，通过平等、交互、共享的理念，颠覆了传统的纯线下商业模式，优化了传统产业链低效的部分，为民俗体育旅游的营销和发展提供了更广阔的空间和更多元的途径。

七、“互联网+”赋能民俗体育旅游营销

“互联网+民俗体育旅游”是助力体育旅游营销及塑造体育旅游品牌的强有力工具。5G 时代，互联网营销将成为未来市场推广最重要的渠道。

民俗体育旅游借助互联网可以全球化传播，凭借高效的传播特性提高旅游的营销效率，实现企业与用户精准对接。

“互联网＋体育旅游”未来将成为体育旅游营销的主要方式，原因有以下几点：首先，互联网能够搭建线上宣传平台；其次，互联网营销成本低、速度快、覆盖面广、效率高；最后，互联网平台多元，可运用微博、微信等社交平台开展营销，将策划的文字、视频、图片、音频内容及口碑传播出去，以达成营销的目标。

第六章 民俗体育旅游资源开发策略三——提升民俗体育文化

第一节 明晰民俗体育文化特征与功能

民俗体育旅游资源与民俗体育文化深度融合，民俗体育文化从某种意义上来说也是一种民俗体育旅游资源。民俗体育文化有其突出的特征与功能，对这些特征和功能进行明晰解读和深入挖掘，有助于通过提升民俗体育文化来开发民俗体育旅游资源。尤其是在市场经济产业化浪潮冲击下，民俗体育文化要更好地得到传承、保护和创新发展，保持传统文化的特色、活力和本质特征，并进一步发挥其价值，推动民俗体育旅游资源的开发，就更要依赖对这些特征和功能的探究。民俗体育文化的具体特征与功能如下。

一、民俗体育文化的特征分析

（一）民俗体育文化具有明显的地域性和民族性特征

民俗体育文化在运动形式上依托体育模式，在行为动机上源自民间的风俗习惯，在行动准则上来自人们的生产和生活。因此，它与各地的风俗习惯、生产方式和生活方式有着紧密的联系。我国地域辽阔、民族众多、气候多样、地形复杂、地理环境各异，因此各地居民的生活习惯、民俗风情、生产方式以及生活理念和追求都显著不同。各地区、各民族人民创造的民俗体育活动的形式也就差异较大，而且每项民俗体育活动都有着深厚的群众基础。例如，蒙古族的生活离不开草原和马匹，孕育了蒙古族“男儿三项游艺”的民俗体育活动，即摔跤、赛马、射箭，也是蒙古族地域环境、放牧生活的烙印；藏族的赛牦牛、大漠的赛驼、北国的冰嬉、山地竞走等民俗体育项目，均彰显出鲜明的地域性和民族性特征，反映了各民族、各地域的人们在长期的发展过程中、以相对固定的生活方式，所形成的民族意识和民族归属感，他们强烈地感受到自己属于“这个民族而不属于那个民族”。因此，民俗体育文化的民族性主要表现在民族文化底蕴和民族心理认同上，而这又源于民俗体育的地域性与民族性特征。

（二）民俗体育文化具有传承与变异性特征

农耕文化是我国早期各个时代的主要文化形态。人们在生产劳作之中、收获之际，以歌舞、鼓乐、角力、射击、打斗等形式自娱自乐或者相互娱乐，创造了内容丰富、形式多样的民俗体育活动。这些活动使人们的思想交流更加便利与频繁，意识形态也趋向一致。在一定的区域内，民俗体育文化主要以口头传授的形式进行传承。例如，南宋淳熙《新安志》中就有“山限壤隔，民不染他俗”的说法，意即在相对封闭的地理环境中，农村居民逐渐形成了自己独特的风俗和习惯。

随着历史的变迁和社会的兴衰，人类不断跨地域迁徙，带来了经济、文化和技术的交流与融合。总的来说，随着生产力的持续提升和物质生活愈加丰富，传统体育活动逐渐成为人们日常生活的一部分，民俗体育文化也越来越繁荣。

（三）民俗体育文化具有享受娱乐性特征

民俗体育文化的形成、演变和兴盛，与大众的精神追求、心理需求以及情感体验等密切相关。人们在日常生产和生活中所创造的各种思想文化成果，为民俗体育的形成和发展提供了物质基础。这既是文化创造的起点，也是内涵的核心，更是诞生的源头和发展的动力。秧歌、腰鼓、采茶舞、踩高跷、射击、摔跤等都产生于人们的生产、生活中，满足了人民群众在创造物质财富过程中的精神需求，给予了人们精神享受，满足了人们的审美需要。广大民众在感受身体运动的愉悦时，也体验了民间民俗文化传递的和乐、和谐、礼让、团结、质朴等主题思想。在人类文化创造的过程中，哪怕是最原始和最简单的文化形式，也出自人们对自然物的直接加工。文化的成果是在物质劳动中建立的，包括生产资料和生活资料的转化过程，其技术手段、社会结构和价值观念共同构成了复杂的文化体系。在社会的更迭和历史的发展中，人们在生产资料和生活资料的生产劳动中创造了内容丰富的民俗体育文化。民俗体育文化涵盖生产、生活、信仰、民风民俗、狩猎、骑射、渔业、商业、交通、服饰、饮食等方面，通过代代传承，给人们提供了娱乐享受。

（四）民俗体育文化具有民间规约性特征

民俗体育及其文化，孕育并产生于人们的实践活动，其演变受民众的意识形态和行为方式的深刻影响。民俗体育形成后，不仅是人们生活中的一面镜子，映射出民众的精神文化、物质文化的生活状态，更是人们生活的重要组成部分，丰富着人们的生活内容。民俗体育活动几乎没有书面成文的活动规则，没有正式的裁判员，国家力量也甚少干预。其之所以能自发地正常有序开展，是因为人们共同遵从的文化习俗、乡规民约。农村宗族力量、民间组织在其中发挥重要的调节作用，从活动的准备、场地的布置、选手的服装、道具、活动路径、经费筹集等各个环节被安排得井井有条，乡里乡亲和睦相处，且活动目的也契合当时的人们的期望。这种民间规约性在人们的意识形态和心理层面烙下了深深的印记，民俗体育文化的影响力和凝聚力植根于人们的心灵深处，成为大家遵从约定俗成的活动规则的核心要素。在传统的社会环境里，人们通过民俗体育活动，祈求风调雨顺、安康幸福，村民间的各种矛盾在民俗体育活动的仪式中也得以化解。民俗体育及其文化成为凝聚人心、稳固关系、促进群族之间相互沟通的桥梁。

我国传统民俗体育依存于特定的历史和文化背景中。在法律制度并不完善的多个历史阶段，法律法规并不能全面实现社会治理。此时，民间开展的民俗体育活动就成为社会治理的重要手段，依托人们共同认可的民间规约性，达到治理的目的。

（五）民俗体育文化蕴含民间礼仪性

民俗体育文化植根于我国农耕社会，与农耕文明息息相关，是劳动人民情感、信仰的载体，也是习俗、礼仪的传承媒介。中国向来以重视和推崇礼仪著称，被誉为“礼仪之邦”。礼作为一种美德，渗透衣食住行、生死嫁娶等日常生活的方方面面。人自出生起，就在各种礼俗中成长，如出生时的“抓周礼”、十八周岁的“成人礼”、老年人的“寿礼”。在社会生活中，父子之间应当做到父慈子孝，兄弟之间要做到兄友弟恭，夫妻之间应该互相尊重，朋友之间要谦虚礼貌，邻里之间要互相帮助等。

礼仪随着人们的活动、宗教的开展而得以广泛流传。在民俗学界，人生礼仪被分为出生礼、成年礼、婚礼、葬礼等四种形式。出生礼为吉祥之礼，成年礼和婚礼为喜庆之礼，丧葬之礼为不祥之礼。每一种礼仪都有详细的礼节要求、流程步骤和穿戴规范。在民俗体育活动中，礼仪主要是通过特定的仪式表现出来的。比如，人们在丰收的时候要载歌载舞地庆祝，遇灾难时则要开展祭祀来祈求神灵的帮助。这些仪式传递着人们对幸福安康的渴望、对心灵平静的追求以及对痛苦的慰藉。民俗体育的礼仪文化作为中国传统文化的一部分，对中国社会的发展产生着巨大而深远的影响。

二、民俗体育的文化功能分析

（一）民俗体育承载优秀传统文化

从广义上来说，文化涵盖了人类的精神和物质生活两个层面。在我国，传统文化相对于现代文化和外来文化，通常指经文明演变形成的、展示民族特性和风貌，体现多种思想文化和观念形态整体特征的文化。在中国，儒家、道家、墨家、法家等都是较具影响力的传统文化流派。其中，儒家文化注重对人与社会关系的理解，以及对社会行为规范的追求，即“仁、义、礼、智、信”。民俗体育文化以民间的思想、文字、语言、技艺等形式，融入人们的日常生活。在传统节日、婚嫁礼俗、丧葬、祭祀等特定日子里，人们通过举行隆重的表演、庆祝和纪念活动，以民族音乐、戏剧、歌舞、杂技、对联、灯谜、酒令、歇后语、服装、饮食文化等为内容，表达生活和乐、安康幸福的愿景，以及审美情趣和忠孝观念等。

我国福建著名的妈祖民俗体育文化，以妈祖信俗为核心。妈祖文化作为海洋文化的代表，与沿海地区的渔民密切相关，海神妈祖及其部下护佑着海上渔民的平安，对渔民施善以及践行大爱精神。妈祖文化已成为印度尼西亚、马来西亚、菲律宾、新加坡、泰国、越南等 21 世纪海上丝绸之路沿线国家重要的民间信仰，推动着各个国家的文化交流与融合发展；妈祖文化信仰圈的互信互敬也进一步促进了各国经济的深度合作。

民俗体育活动承载着我国优秀的民俗体育文化，传播着传统的教化思想。在当下我国社会主义先进文化发展的进程中，动态传承并创新发展民俗体育文化，不仅能够提升民众的团结力，还可以推动我国在物质文化、制度文化与精神文化方面的进一步建设。

（二）民俗体育培养民族文化认同感

我国传统节日的习俗常以热闹的民俗体育活动为载体，增加节日喜庆和热闹的气氛，传播团圆、忠孝、关爱、和睦、和谐、发展等文化内涵。在相同的伦理观和价值观环境中，中国传统习俗在统一的文化背景下塑造了人们对本民族文化的归属感。比如，春节花灯游、舞龙舞狮，端午节龙舟竞渡，中秋节火把舞、泼水节泼水狂欢都是此类文化认同的直接表现。

中国人讲仁义，更珍视亲情、友情。在传统节日，中国人的情感也表现得最为浓烈真挚，通过走亲串友、互相祝贺、问好传喜，表达自己的关怀之情。春节全家团聚，一起庆贺国泰民安，人们会贴上对联、穿上新衣、燃起鞭炮迎财神，到处洋溢着喜庆气氛。端午节人们会包粽子，举行龙舟赛，还会挂菖蒲、艾叶，熏烧苍术、白芷，喝雄黄酒。2006 年 5 月，端午节入选第一批国家级非物质文化遗产名录；2008 年起，端午节成为国家法定节假日，更彰显了它的文化价值与社会意义。

（三）民俗体育具有弘扬民族精神的文化功能

民俗体育活动是民间最普及的娱乐健体方式，也是民众精神寄托的重要载体，其内容涉及生产生活、社交娱乐、纪念先祖、祭祀神灵、驱邪祛病等诸多方面，承载了人们的祈盼、思想、信仰、道德及情感，成为广大民众享受精神生活的重要途径。民俗体育文化记录着各地区、各民族丰富多彩的社会生活，承载着我国数千年农耕文明的文化成果。例如，春节是中华民族最隆重的节日，也是民俗体育行为文化活动形式最丰富、最集中的时段，祭奠、礼仪、表演、技艺、游戏等丰富多彩的行为文化，折射出民俗体育的物质文化和精神文化的丰厚内涵。

日常生活中，人们参与民俗体育活动时，以礼相待，谦逊有节，语言交流讲究分寸，展现出和蔼、平等、宽容、接纳、谦让的民族情怀与精神品格。久而久之，这些优秀品格融入了人们的性格。民俗体育汇聚大众智慧，弘扬公众道德，尊重群众意愿，凝聚民众心力，发展本民族体育文化的独特性，形成独具特色的民族体育文化，培养人们对故土的眷恋、对家园的热爱以及和睦共处、互相尊重和关爱的情感，传播尊重祖先、重视礼仪教育、遵循伦理道德、发扬传统美德的优秀民族文化，弘扬不屈不挠、团结互助、勤奋实干的民族精神和品格。

第二节 推动民俗体育文化资源整合及与旅游的融合发展

一、民俗体育文化资源整合及与旅游融合发展的意义

（一）民俗体育文化资源整合的意义

1. 有利于推动社会文化建设的发展

民俗体育文化发展以其自身价值为依托。在整合与运用民俗体育文化资源时，需要挖掘其内在的文化意义，从其起源、发展历程、形式特点等维度分析研究，明确不同类型的资源所体现的内在价值及文化理念。将民俗体育文化资源与当地节庆、运动体育项目、文化理念等要素结合，通过有效的整合与挖掘，探寻传承与发展的新途径。可以借助当地的旅游业或其他赛事活动，进一步创新民俗体育文化资源发展模式，赋予其鲜活的生命力。唯其如此，优秀的文化才能得到进一步传承，民俗体育文化的影响力才会进一步提升，不断带动群众参与民俗体育文化资源的发展，营造共享文化氛围，助力当地文化建设，开辟文化发展新途径，推动民俗体育文化项目的传承与发展。

2. 有利于促进民俗体育文化的现代化发展

民俗体育文化活动具有继承性，要实现更好发展，就要将其与社会发展的时代特点及发展理念相融合，对民俗体育文化活动资源进行整合、运用，使民俗体育活动不断更新，更契合现代人们的诉求和社会发展理念，彰显其现代性文化特征。通过无偿整合体育、文化或活动等资源，在体育、文化领域，精心设计符合当下社会主题发展的体育活动内容，充分展现当地民众的精神风貌，推动经济的发展。现代社会中，文化、体育、活动、赛事等的交融需求更高，因此要对资源加以整合与运用，通过现代化的推广、宣传和组织，推动民俗体育文化朝着多元化、融合化、规范化方向发展，实现民俗体育活动的现代化。

3. 有利于拓展民俗体育文化的发展空间

民俗体育文化进一步发展需要更多的资源支持和更广阔的发展空间。当前，多数民俗体育活动是人们自发开展的，规模相对较小，影响力有限，且未能和地方特色文化、体育活动紧密结合。此外，部分民俗体育文

化的内容与现代人的需求、理念存在冲突。特别是在信息技术被广泛传播的今天，人们获取信息的途径日益多元化，打破了时间和空间的限制，一定程度上使人们对各种体育、文化活动有了更高的需求。人们对民俗体育文化需求不再局限于文化类体育活动，而是更希望有综合性休闲娱乐活动。通过进一步资源整合，为民俗体育文化增添新元素，促进其内涵延伸，将更多的民俗文化和风俗习惯通过民俗服饰、信仰融入体育活动，增加体育活动的多样性，改变以往单调的运动形式，在现有的基础上进一步发展创新，通过这样的整合让民俗体育活动得到更多的发展契机。同时，通过资源整合让民俗体育活动更加规范化，充分发挥多元主体的作用，整合优势资源，借助旅游业或文化事业的改革创新获取更大的发展空间。

（二）民俗体育文化与旅游融合发展的意义

1. 带动经济增长，优化经济结构

民俗体育是人类特有的一种文化表现形态，旅游是人类社会经济和文化发展到一定程度的现象，两者具有相似的起源。民俗体育活动可以强身健体、开阔眼界、丰富阅历；旅游则可以让人们置身于大自然，提升观察力、增强身体素质。当前，旅游业已经成为全球最大的产业之一，积极发展旅游业对地区经济发展具有极大的推动作用。而体育产业也在不断发展壮大，在国民经济中占据重要地位，并且产生了可观的经济价值，同时带动了众多产业的发展。体育旅游作为体育产业的一个分支，也是旅游业发展的新趋势。

旅游消费早已成为人们生活中重要的一项内容。民俗体育文化与现代旅游结合，一方面源于人们的需求，另一方面也是时代发展的必然。两者相互结合，形成一系列与旅游相关的特色民俗体育活动，能吸引更多的游客，在发展旅游的同时，对相关产业的发展也具有促进作用，带动民众消费，促进经济发展。

旅游业的发展对其他相关产业有很好的带动作用。传统体育文化与现代旅游结合所产生的相关产业主要属于第三产业，而第三产业的发展在一定程度上反映一个国家经济结构是否合理。第三产业占比越大，说明经济发展结构越合理。传统体育文化与现代旅游的高度融合发展，不但可以促进第三产业的发展，而且能促进经济结构不断优化，推动我国经济社会平稳健康发展。

2. 有助于提升旅游品牌力量

将民族民俗体育与旅游相结合，可以促进文化、产业融合发展。一方

面，将民族民俗体育与旅游结合，吸引旅游人群，助力民俗体育文化的广泛传播，推动民族体育特色文化深入发展和传承。另一方面，促使民族特色旅游与体育项目进一步丰富和发展，在发展旅游项目的同时，使体育项目也得到传承与发展。游客参与体育运动，能够更加深刻地体验民族民俗体育，通过消费旅游项目提高当地经济收入，提升区域旅游品牌及文化知名度。

3. 有助于推动地域文化传播，促进旅游特色发展

发展特色民俗体育旅游，把独具特色且富有民族色彩的民俗体育文化资源与旅游产业相结合，传播民族传统文化，弘扬民俗体育精神，促进西部与其他地区的经济交流发展，在打造地域特色文化旅游品牌的基础上提升地域文化内涵。

4. 有助于保护生态环境，缓解假日旅游压力

民俗体育旅游与旅游业的发展，对生态文明建设具有积极的意义。一方面，旅游业与自然环境密不可分，自然资源为诸多体育运动提供了场所，如赛马、滑雪、登高等运动都依托自然资源开展。另一方面，民俗体育旅游与旅游业融合，有利于推动区域旅游景点、度假区等相关场地与当地的人文景观协调发展。发展民俗体育旅游产业的重要支撑项目，如山地步道旅游、短程城市观光旅游、自驾车旅游，以及举办体育运动竞赛、体育比赛，可以吸引更多的人参与民族体育节庆活动，在一定程度上缓解节庆热点旅游的压力。

二、民俗体育文化与旅游融合发展策略

（一）加强民俗体育文化资源的整合与利用

1. 把握政策优势，多维联合并举

为更好地整合和合理地利用民俗体育活动资源，要充分发挥政府的主导作用。政府要强化政策引导，出台具体的引导性措施，做好基层民俗体育活动的全面调查，挖掘每个民俗体育项目的优势。在整合资源过程中，注重对民俗体育文化活动的深度和可持续发展能力的培育，突出地方特色，制定具体的民俗体育文化资源整合规划和目标。要与文化和旅游部门、环保部门和基础设施建设部门加强联系，完善民俗体育文化的发展基础设施，引导民俗体育与旅游和其他文化活动的有机结合，拓宽民俗体育的发展路径。民俗体育活动要充分利用政府的引导政策，积极

开展非物质文化遗产的申请，深入挖掘自身文化内涵，创新活动形式，提升竞争力。

2. 加强宣传引导和组织开发

加强对传统体育文化活动的宣传引导，拓宽传播途径。利用现代媒体设备，拓宽宣传渠道，精准定位受众，提升民众的参与意识和体验感受。在扩大宣传的基础上，进一步开发传统体育文化活动。依据传统体育活动的文化内涵、组织模式以及创新特点，加大资金投入，拓展开发主体，充分发挥政府、企业、民间团体和参与者的互动作用，创新活动模式，促进传统体育活动与旅游业、文化产业和其他综合产业有机融合。多角度开拓发展途径，突出多元化发展理念，带动传统体育活动及其他产业的融合发展，促进传统体育文化向规范化和现代化的民俗体育文化产业迈进。

3. 调整利益格局，合理有效分工

协调各参与方在民俗体育活动中的利益，激发参与热情。通过政府部门的引导，以企业为核心力量，在民间体育活动中实现政策、资金、人才的有机结合，增强各方的凝聚力。在合理分配任务的同时要兼顾其发展性及可持续性。政府部门需出台优惠政策，如运用减免税优惠，为企业投入提供帮助，或者给予资金补贴；也可以对相关政策进行一定的约束，加强对地方环境的维护，重视地方特色文化的挖掘。企业部门应根据民俗体育活动的文化内涵和活动性质，推动项目创新，实现民俗体育项目产业化运营，群聚化发展。进一步提升民间团体对民俗体育活动的参与度，鼓励其开展项目性创新，丰富民俗体育活动的内涵。

4. 坚定文化自信，更新传承理念

文化自信是民俗体育项目发展壮大的动力源泉，应当满怀信心，深入挖掘民俗体育项目的文化内涵，增强发展动力。应该以传统文化和民俗文化的优势和特点为出发点，不断为民俗体育活动赋予新内涵，提升民俗体育活动传承性。要不断强化民俗体育活动发展传承观念，既要注重经济活动与民俗体育发展的联动效应，也要重视民俗体育活动与时代发展相融合的内涵。要注重民俗体育队伍素质对活动传承的重要性，推动民俗体育在传承中发展，在发展中传承，彰显出新的理念。立足于对民俗传统文化的自信，以新的理念为指导，不断拓展民俗体育传承发展新路径。

（二）构建特色民俗体育文化与旅游产业融合发展框架

1. 制定行业政策，规范与引导市场

新时代背景下，特色民俗体育文化与旅游产业深度融合，需要政府运用经济行为和行政干预手段对资源科学配置。第一，开发新项目时，政府要做好市场定位，发挥经济手段作用，重点发展竞争力强、档次高、前景广的特色民族体育旅游项目。第二，政府应开展市场调研，针对前期开发的项目，运用行政干预手段，剔除同质化项目。第三，政府按照规定制定和完善行业政策，维护市场秩序，加大管理力度，推动当地市场良性发展。

2. 构建政府、高校与企业相结合的人才培养体系

特色民俗体育旅游产业作为新兴产业，急需相关人才的培养，这是行业发展壮大的关键所在。在实际工作中，可以利用现有资源条件，建立起良好的人才培养机制，在此基础上，政府、高校和企业协同合作，培养更多的行业专业人才。工作中政府要发挥引导作用，在国家政策支持下鼓励高校与企业进行合作，实现信息共享、人才共同培育。地方性高校要针对市场需求特点，合理调整人才培养类型，与企业合作搭建实践基地，为学生提供更多锻炼成长机会；企业可以将内部员工交由高校培训，优化内部人才结构，培养出契合企业市场需求的人才，避免人才缺失问题。

3. 依托现有品牌，利用新媒体加大宣传力度

我国很多地方拥有丰富的旅游资源，如皖南的九华山、黄山、古村落等。将地方民俗体育文化与旅游产业相结合，可借助已有的旅游文化品牌，宣传本地极具特色的民俗体育文化。在互联网时代，除了借助传统的广播电视、报刊等媒介进行宣传外，还可以通过微信公众平台、抖音平台、微博平台等进行文字、音频、图片、视频全方位宣传，展示地方特色民俗体育旅游的魅力。

4. 借鉴成功的实例，打造独特且高品质的民俗体育旅游线路

体育旅游行业本身属于独立行业，“体育＋旅游”模式是体育旅游产品的核心形式。它是旅游的提升性产品，属于高级体育活动。民俗体育旅游与普通体育旅游存在一定的差异，它具有更高的定位。然而调研发现，很多地方对民俗体育旅游产品定位不精确，未能深入挖掘民俗体育文化的

内涵，不能凸显产品的独特性，致使民俗体育旅游产品与普通体育旅游产品同质化严重，游客在参与体育活动时，难以感受到当地特有的民俗体育文化价值。

因此，开发民俗体育文化旅游资源时，应聚焦本地的民俗体育文化特色，重点开发、深度挖掘，提炼具有代表性的体育旅游资源，打造成高品质的体育旅游项目，突出项目特色及民族文化内涵。例如，皖南地区有徽州文化和佛学文化加持，当地开发体育旅游项目时，可以从文化的角度出发，借鉴广西桂林的“印象·刘三姐”和云南丽江的“丽水金沙”模式，以徽州和九华山为核心，打造精品民俗体育旅游路线，丰富当地民俗体育旅游文化的内涵。

(三) 民俗体育文化与当代旅游融合问题及解决措施

我国虽积极推动民俗体育文化与现代旅游融合，也取得了较大成就，但仍存在几个问题，具体如下。

首先，基础设施建设不完善。基础设施建设跟不上民俗体育文化与现代旅游融合的发展步伐。

其次，文化记忆不完整。文化记忆是民俗体育文化与现代旅游融合发展的灵魂。但在全球化趋势下，许多传统的民俗体育文化逐渐在人们的视野中消失，导致文化记忆缺失，制约着民俗体育文化与现代旅游的融合发展。

最后，旅游产品和项目较为单一。目前，我国民俗体育文化和现代旅游融合发展的旅游产品或项目多是大众性的，虽然有着广泛的受众群体，也能够吸引较多的游客参观，但却缺少长期发展竞争力，难以契合千变万化的市场环境和用户的需求。

针对以上问题，可采取以下解决措施。

1. 完善基础设施

将民俗体育文化融入现代旅游发展，完善基础设施是吸引游客重游的重要前提。交通网络的发展影响着旅游业的规划与布局，交通轴线发挥“轴带”的作用，它能够将民俗体育文化旅游发展不平衡的几个地区串联起来，带动相对不发达地区的旅游经济。因此，推动民俗体育文化旅游全面发展，基础设施的完善意义重大。在交通轴线建设方面，构建公路、铁路交会的网络布局，完善区域轴线交通网络，强化公路基础框架建设，推动民俗体育文化融入旅游，促进民俗体育文化的发展。同时要完善乡村交通网络结构，打造生态体育“走廊”，提高旅游景区的通达性，持续完善配套的旅游服务设施。通过宣传旅游路线、优化住宿条件、改善餐饮服务等措施，给游客带来更好的旅游体验，提高游客的满意度。

2. 打造文化叙述系统

在民俗体育文化与现代旅游融合发展的进程中，文化记忆是其“活力”的核心。为了保存民族文化记忆，可以借助文字、图片、音视频等方式构建民俗体育文化旅游叙述系统。比如，通过拍摄传统武术、端午龙舟竞渡、舞狮舞龙等题材的纪录片，让无法亲临旅游地的人们也能领略民俗体育文化的魅力。民俗体育文化资源丰富的地区，可以加强历史博物馆的建设，深入挖掘民俗体育文化的内涵，收集和整理与民俗体育活动相关的器具和文物，加大对这类文化遗产的保护力度，为游客打造沉浸式的旅游体验，助力了解民俗体育的演变，感受民俗体育文化的独特魅力，实现民俗体育文化与现代旅游融合的文化记忆传承，增强游客的文化归属感和文化认同感。

3. 开发旅游产品和项目

民俗体育旅游资源要想更好地与现代旅游接轨，就需要对民俗体育文化和旅游资源进一步开发，让游客在饱览自然风光之余，受到民俗体育文化的感染。为更好地满足时代需求，只有在保留民俗体育文化的前提下，与旅游产业融合，朝着现代审美靠近，才能让民俗体育文化旅游发展长盛不衰。相关部门可以从资源丰富的地区入手，建设以休闲体育旅游为主、竞赛训练体育旅游为辅的发展体系，充分利用公园、广场等场所开发体育观光、体育露营等项目，依托知名体育训练基地打造区域特色民俗体育旅游品牌，以吸引游客。同时，各地区可利用自身资源优势，依托特色景区发展相应旅游产品和项目，推动我国民俗体育文化与现代旅游深度融合发展。

三、民俗体育文化资源与旅游融合发展的动力分析

民俗体育文化资源与旅游融合发展的动力包括内驱动力和外驱动力。内驱动力即动机，源于心理与精神需求；外驱动力即实际需求，源于物质与外界需求。内驱动力是机体运行和维持的核心，外驱动力可视为来自外部的保障因素，两者相辅相成，缺一不可。民俗体育文化资源与旅游业高质量融合的动力机制，可界定为高质量融合动力系统中各动力性要素的组合结构、功能和关系。

（一）外驱动力因素分析

民俗体育文化资源与旅游融合发展的外驱动力因素包含以下几方面。

1. 区域因素

无论是民俗体育文化还是旅游业，都必须依赖不同区位地域的禀赋资源进行开发，两者的融合更要依据地域特点进行规划设计。除自然资源禀赋有别外，不同区域的地方政策导向、经济发展情况也存在差异。

2. 市场因素

旅游业和体育产业的发展必须依赖成熟的市场环境，良好的体制环境和更高的市场开放化与创新程度，有助于维持、开发、传承、创新并保护两者的共同利益。

3. 组织因素

组织因素主要指体系平台的支持程度，涉及政府管理职能部门、旅游业实施与支撑机构、社会落实和监督机构的扶持、监控以及融合的实践效果与进度。内驱动力系统和外驱动力系统相互关联、彼此影响，最终推动高质量融合的达成。

（二）内驱动力因素分析

民俗体育文化资源与旅游高质量融合的内驱动力，包含以下三个核心因素：

1. 良好的融合环境

环境的和谐稳定状态决定了整个系统组织运作的稳定性和健康程度。

2. 结构性动力

结构性动力是指融合参与主体之间的组织形态以及相互影响作用的动态关系所构成的体系平台的成熟度。

3. 资源配置

资源包括自然资源、文化资源、社会资源、人才资源、财务支持、政策资源等要素，以及信息、知识、风俗、美誉度和知名度等。在研究民俗体育文化资源与旅游相结合的过程中，信息、知识和习俗等资源表现出更高的敏感性，能够迅速对文化与旅游的整合活动做出反应。从服务产业的总体发展来看，旅游服务业的需求逐渐呈现高端化、个性化、体验化、细分化、社交化趋势。

第三节 以文化强国建设促进民俗体育文化的保护与传承

一、文化强国战略与民俗体育文化的关联

（一）民俗体育文化的发展方向得益于文化强国战略的指引

建设文化强国是新时代党和国家推进中国特色社会主义文化大发展的重大任务，在一定意义上是对文化的整合。我国辽阔大地上蕴含着丰富的民俗体育文化资源，新时代文化发展绝不能忽视这些民俗文化传统。将民俗体育文化的传承与新时代中国特色社会主义文化建设融为一体，既是国家在新历史阶段增强综合实力的要求，也是民俗体育文化生存和发展的必由之路。要全方位、立体式推进民俗体育文化与文化强国建设的内在互动，从新时代的精神理念出发，秉承文化为现实服务的宗旨，以理论阐释实践，以实践升华理论，在理论和实践结合的基础上体现国家的政策和主张，使民俗体育融入民族发展和国家建设的范畴，为中国文化的时代发展与走向世界奠定基础。新时代民俗体育的结构化发展，不仅对于推进文化强国建设、促进中国特色社会主义文化繁荣意义深远，也为深化民族传统文化和民俗体育理论研究、指导民俗体育文化的现实发展，提供了重要的理论价值和实践指引。

（二）文化强国建设有利于发挥民俗体育文化在社会主义道德建设中的作用

文化强国战略推动民俗体育道德价值力量的释放。在新时期，习近平新时代中国特色社会主义思想的全面引领，使民俗体育的结构化发展模式由旧形态走向新形态，满足了新时代文化发展的根本需求，成为民俗体育文化迈向现代性的路径选择。在文化强国建设的视域下，我国正处于由传统社会向现代社会转型的关键阶段，民俗体育的形式内容、功能形态、价值类型都发生了显著变化，在民俗体育持续演进的过程中，尤其是在内在行为逻辑层面，会在市场、社会、民族、国家之间形成内部张力，同时在国与国之间形成外部张力。民俗体育在新时代的发展，是在国家层面特定的理论体系、路线体制、框架制度、社会结构的背景下实现的，其道德价值也在这一进程中不断彰显，促进了社会主义道德建设。

二、文化强国建设对民俗体育文化保护与传承的意义

（一）文化强国建设下传承和延续是民俗体育文化的“根”

经过长期努力，中国特色社会主义进入新时代，这是我国发展新的历史方位。在新的历史方位上，中国民俗体育文化既要面对人们对美好生活需要持续增长带来的机遇，也面临着自身发展不平衡、不充分的挑战。为应对挑战，民俗体育需要融入社会主义先进文化，兼收并蓄，重新审视其在新时代的传承价值。需要立足于中国特色社会主义的伟大实践，传承中华优秀传统文化，深度挖掘民俗体育在新时代的承接和发展功能。长期发展中，民俗体育已成为一种生存方式，其独特的文化形态熔铸着中华文明的精髓，在新时代，要使民俗体育在社会变迁的浪潮中不被湮没，需要阐发民俗体育内在的文化价值，保持民俗体育文化的生命力，树立前行的方向与理念。文化强国建设对民俗体育本身具有的文化价值属性给予了肯定，使民俗体育的传承与发展沿着历史脉络，通向光明未来。

民俗体育的发展历程中，“言传身教”的作用巨大。具有中国气质和特色的民俗体育文化为人类命运共同体的构筑提供了东方智慧，其内涵和价值的呈现，有利于弘扬中国精神，契合文化强国建设、实现文化自信的现实需要。在传承中延续是实现发展的前提和基础，而实现传承和延续的基础则是记忆的传递。在民俗体育文化的传承和延续过程中，记忆的传递并不只是个人的记忆，许多社会活动的组织都是为了突出群体的共同记忆，以便继承和巩固群体的凝聚力，一些记忆也会推动其他记忆的重构。作为被特定群体共同拥有的体育文化，民俗体育具有集体性的特征。

（二）文化强国建设过程提升民俗体育内容和形式上的自信

中国的自信，核心在于文化自信。在习近平新时代中国特色社会主义思想的指导下，民俗体育被视作关乎民族团结和繁荣的重要文化元素而加以定义和解释。民俗体育的产生和传承深植于社会转型和时代变化的背景中，其发展与演变无法脱离整体地缘文化的影响而独立于社会现实之外。时过境迁，当下中国民俗体育角色意识的清晰、担当此角色责任的决心和行动，是民俗体育内容和形式上自信的出发点。“新时代”赋予民俗体育前所未有的文化自信符号意义，给予民俗体育新的生命价值。党的十九大报告明确提出要增强文化自信和提升文化软实力，这是习近平新时代中国特色社会主义思想的重要组成部分。“新时代”视野之下的民俗体育，应

致力于挖掘其强大的生命力、适应力及对其他社会领域的推动力。

文化引领人的发展，国与国的竞争归根结底也是文化的竞争。中华民族文化自信，是在长期的历史发展过程中，在与各种文化对比中形成的，有其深厚的理论和实践根源、历史根基，也具有现实的生机活力。我们要深刻认知，自觉践行，发扬光大中国文化，助力文化强国建设。

（三）文化强国建设有助于民俗体育文化超越国界的大繁荣

作为我国传统文化的重要组成部分，民俗体育文化必然会在我国文化软实力的提升、文化自信的培养和建设文化强国过程中发挥重要作用。要使中华民族的文化根脉同当代中国、当代文化相适应，同现代化相一致，就需要把它融通于人民群众的广泛参与、人民喜闻乐见的具体实践中，融通于跨越时空、超越国界、富有永恒魅力、具有当代价值的文化精神中。要弘扬既立足国内又面向世界、既传承优秀传统文化又推崇时代精神的理念，将传统文化资源系统整理，从藏在古书中的文字以及散落在大地上的遗产中发掘新的文化生命。

“文化空间”作为“非物质文化遗产保护”项目的关键概念，集中展现了具有特殊价值的非物质文化遗产。根据这一概念界定，散布在我国各族人民生活空间中的民族民俗节庆仪式和相关活动，具有广泛的民俗文化空间特点，所以民俗体育是这些文化空间中不可或缺的元素。社会语境和新的文化使民俗体育文化空间的拓展得以实现，为民俗体育文化的表演场合和系统交流提供了多元化的路径。在实现现代化的进程中，中国社会受到传统文化的影响，同时也在不断创造符合社会需求的现代文化。当下社会加速转型、全面开放，中国经过数千年积淀的深厚的传统文化模式，一定会使整个社会共同诠释“文化阵痛”（culture shock）的宏观图景。改革开放带来的社会剧变，东西方文化的冲突对抗，无疑会使人们产生精神和心灵的双重震动。文化学理论表明，由各个子系统共同构成的文化结构在经历整体变迁时，各个部分的变迁速度不同，有的部分变迁较快，有的部分变迁较慢，从而导致各部分之间的错位、不均衡、差距，进而产生社会问题。

文化空间的被压缩是民俗体育面对的问题之一。民俗体育应当利用自身的优势，有目的地拓宽其文化空间。第一，民俗体育要获得适合自身传承和发展的文化空间，必然离不开符合自身发展规律的空间拓展，以不断获得利于发展的现实语境。最佳的防守策略就是进攻。从时间维度看，民俗体育可以充分利用现代节日，而不必拘泥于传统的节庆活动；从空间维度看，只要有一定的场地和设施，就可以灵活地开展民俗体育活动，而无须局限于特定地点；在形式方面，民俗体育活动的开展只需把握住其核心精神，形式可以复杂也可以简化。第二，在文化强国建设的号召下，民俗体育精神内核的维护与继承应得到更多的关注，坚守民俗体育的意义系统。因其原本的文化语境和生态环境都发生了不可逆的转变，而民俗体育文化的精神内核却在历代发展演变中不断丰富和补充。这种精神核心反映了特定地域和民族的价值观和思维模式，无论外部环境如何变化，不同地区和民族的特点总能通过民俗体育文化所蕴含的精神内涵清晰地表达和展现。

（四）文化强国建设有利于民俗体育文化的结构化发展

在新时代发展进程中，事物的内在逻辑具有结构性，其发展的整体性需朝着结构化方向推进。所谓结构化，即日积月累知识化的东西，被总结、被梳理、被明确，做到纲举目张。结构化的根本是使事物的发展符合当代的内在逻辑性。从结构化的角度去理解事物，可以帮助我们把握其内在属性，从而更好地引导其整体性的发展方向。在社会的不断进步中，可以发现，民俗体育的传承与发展随着时代的变迁，发生着结构性的转变。

哲学上认为，运动是事物发展的根本规律和属性，民俗体育文化是一个内涵不断丰富，外延不断扩大的发展流变的整体。由民俗体育的属性所表现出的本质特征，是民俗体育实现结构化发展的基础条件。新时代民俗体育的结构化发展，指在新时代背景下，民俗体育朝着有组织、有系统、有层次、有联系的方向前进，在文化发展的大格局下，避免孤立化。这一过程使民俗体育本身成为新时代发展的结构性要素，既改变了自身发展的面貌，又促进了其他文化事项的共同进步，从而达到实现自身结构化发展的效果。

三、以文化强国建设促进民俗体育文化保护与传承的路径

（一）在市场经济理念下发扬传统原创

在市场经济的大环境下，在现代化建设的过程中，很多人对“传统”存在认知偏差，认为传统就意味着迂腐、落伍，跟不上时代潮流。更有甚者，认为传统和现代是水火不容、相互矛盾的，认为现代人应该追求现代化，摒弃一切与现代化不相符的文化形式。其实，时代的进步与传统的坚

守并不矛盾，时代越发达，传统的作用应该越明显，这就要求我们不能做彻底割裂传统文化的现代人。传统的价值及其在社会发展过程的作用不能用金钱和产出等于收入的市场原则来衡量，毕竟传统承担着更关键的价值道德作用，等价交换不应该成为道德的准则。而这也正是我国着力提升文化自信，建设文化强国的重要原因之一。

民俗体育文化不应该沦为现代化的牺牲品，而应在现代化的进程中占据一席之地，并反哺中国的现代化。民俗体育文化见证了中华民族的衍生和发展，是当代中国现代化的动力和源泉。文化强国建设是我们弘扬传统的契机和平台，为民俗体育文化的传承和保护提供了动力和思想之源。文化强国建设是文化自觉的集中体现，就是要把最能体现中国气韵的文化根植于传统中去。民俗体育作为中华文脉孕育的文化形态，是我们独一无二的原创。在高速现代化的今天，若能巧妙地把民俗体育文化发扬光大，使其成为现代生活的融合剂，就真正体现了原创的本质。不管在什么样的环境下，我们都应该重视中华传统文化，保护、继承、弘扬这份珍贵的遗产。

（二）以文化强国建设重塑民俗体育文化发展格局

建设文化强国要以人为立足点，提高并改善人们的精神文化状态。环境对人的塑造力巨大，生活环境的改变，现实背景的更新，是农村领域文化强国建设不可缺少的过程。只有实现人与环境互动，才能使强国建设得以真正落实。民俗体育的价值不仅体现在其健身功能，还体现在对人的精神状态的积极影响以及对人的素质的全面提高。例如，张家山体育活动的开展，不仅使人们生活内容更加丰富多彩，而且增进了大家之间的感情。张家山农民运动会已经发展到第三阶段，它的认同功能获得了再生性恢复，彰显出本土文化的自觉，而这种自觉赋予了人们心理上的骄傲，成为新时代张家山人民精神文化风貌的显著标志。

在农村的语境中，文化强国建设以保障和发展农民利益、服务农民为核心，其实质是提升农民的素质。农民精神文明程度的提高与农村语境、时代语境的生成和影响有密切关系。人能够改造环境，环境也重塑人的整体形象。张家山的农民运动会在传承传统文化内容的基础上，积极创新了体育内容，努力汲取现代体育的精髓，突出了现代体育的竞技意识和创造精神，激荡出昂扬向上的生活态度，锻造了顽强不屈的意志品质。如果没有这样的公平环境、没有这样的精神状态、没有这样的竞争环境，谈何民族文化的弘扬与复兴？只有具备文化的自觉，才能让文化强国建设落地生根。张家山农民运动会充分发掘了民俗体育的娱乐、认同功能，以其特有的方式为当地精神文明建设注入活力，成为文化强国建设在当地的生动实践。

（三）文化强国建设中借助民俗体育文化推进乡村治理

乡村治理和乡村振兴是治国理政的重要内容。中国特色社会主义文化大发展和建设文化强国战略是新时代党和国家的重大任务，文化强国建设在一定意义上是文化的整合过程。我国农村地区的传统体育活动与重要的传统节日和地方习俗紧密相连，融为一体，对当地民俗体育文化的传承产生了深远的影响。文化强国建设的大方针，能使乡村治理的社会功能和价值得以更好地发挥。

文化强国建设有助于推进新型乡村文化功能的重构。新时代赋予民俗体育新的历史使命。“新时代”视野之下的民俗体育，应致力于挖掘其强大的生命力、适应力及对其他社会领域的推动力。有效推动民俗体育与其他体育文化的协调发展，深入挖掘民俗体育在新时代的“角色意义”及“使命价值”，这既是时代进步的客观要求，也是民俗体育文化生存、发展的必由之路。明确新时代民俗体育文化“角色意义”的升华，需立足于时代发展，契合构筑人类命运共同体的角色定位，应成为解读中国梦、向世界推介“新时代中国特色社会主义”思想的重要抓手。让民俗体育成为映射新时代社会的经典角色，承载时代的精神和价值，在发展中不断完善，肩负起未来的责任，开辟民俗体育“角色意义”具备符号性价值的必由之路。

（四）在文化强国建设中突出少数民族民俗文化建设的意义

少数民族民俗体育在增强民族体质、提高思想道德素质、规范行为方式以及促进民族交流融合、加强民族团结方面发挥着重要作用。在文化建设的硬实力提升和中华民族伟大复兴的社会大背景下，大力弘扬发展少数民族民俗体育有着以下几个方面的重要意义。

第一，增强体质，满足文化建设需求。开展群众性体育活动，增强人民体质，一直以来都是我国体育工作的核心议题，也是新时代我国加强文化建设、树立高度文化自信的内在要求。少数民族具有独特的民族文化传统，在相对封闭的少数民族聚居区，民俗体育有着数千年的文化积淀，是本民族的文化名片，对丰富大众体育文化活动和提高人们的体质健康具有不可替代的作用，加之其鲜明的文化属性以及相对易行的特点，更成为促进少数民族聚居区大区域文化发展的重要因素。加强少数民族民俗体育活动的开展，增强少数民族的身体素质，是全面建成小康社会的需要和保障。

第二，贯彻落实党的民族政策。我国民族政策的基石是各民族平等共处，各民族都有着各自不同的文化传统和风俗习惯，都是中华民族大家庭的成员，在经济、文化和社会生活等方面都应享有平等的地位，共同发展、共同繁荣是制定政策的根基。失去了独特的文化传统，就没有中华民族大气磅礴的文化气度，就没有泱泱大国风范中的浩然底气。新时代，推动少数民族文化繁荣发展是我国文化建设的重要思路，少数民族文化的繁荣是中华民族文化繁荣的重要组成部分。因而，保证各民族平等的文化权利是党的民族政策的核心部分。例如，为了保护和发展少数民族传统体育，《国务院实施〈中华人民共和国民族区域自治法〉若干规定》强调，国家重视保护和开展少数民族富有民族特点的特色民俗体育文化项目，积极举办少数民族传统体育运动会。

第三，促进各民族交往、交流、交融。中华文化是由56个民族文化共同构建的大系统，其繁荣必须依赖于所有民族文化的共同发展。在实现文化繁荣复兴的伟大进程中，56个民族文化之间的相互交流和借鉴不可或缺，“和而不同”不仅是中华传统文化中的一个重要理念，也体现了各民族文化之间的辩证关系。习近平总书记指出，各民族应当彼此了解、尊重、包容、欣赏、学习和帮助。积极发展少数民族传统体育事业，广泛开展多样的少数民族传统体育活动，组织并动员各族群众参与其中，能够加强各民族之间的相互了解和理解，促进各民族的交往、交流与交融，提高各族人民对中华民族和中华文化的认同感。

第四，推进民族地区经济社会发展。在改革开放不断深入和市场经济稳步发展过程中，体育产业、旅游产业发展规模不断扩大，水平不断提升，逐步实现了相关产业的协同和融合发展。相较于经济发达地区，我国民族地区的经济总体上比较薄弱，但拥有丰富的文化和旅游资源，因此，因地制宜地利用这些资源，发展民俗体育旅游，是促进当地经济与社会快速发展的重要选择。很多民族地区已将民俗体育文化活动作为发展旅游业的重要手段，积极策划、宣传、推广，丰富旅游的内涵及层次，吸引旅游者，推动地区经济社会的发展。

第七章　民俗体育旅游资源开发与保护创新探索

第一节　北京天桥民俗体育项目发展与文化保护

北京天桥民俗体育作为我国传统体育文化的关键构成，其丰富多彩的传统体育项目，集中反映了中华民族多元化的文化价值和审美意识，是宝贵的文化遗产。挖掘并整理传统体育文化项目，推动优秀民族体育、民间体育、民俗体育项目保护、推广及创新，意义重大。天桥民俗体育项目主要划分为表演、健身、竞技三类。下面将对天桥民俗体育项目发展与创新措施展开阐述。

一、天桥民俗体育表演类项目的发展优化

（一）天桥表演类项目简介

北京天桥表演类项目是以专业技能练习和强身健体为目的，兼具表演性、娱乐性的体育项目。它既能促进练习者身心协调发展，又能给予观众视觉冲击与享受，主要包括以展现惊险奇特技艺、个人独有功夫或技术为主的技术类表演项目和具有一定故事情节的表演类项目。其中，天桥中幡、耍飞叉、耍花坛、硬气功等为独特技艺项目；“二鬼摔跤”、车技、赛活驴等为展现故事情节类项目，它们都有一定的观赏价值和艺术价值；除此之外，还有以“少林五虎棍”等为代表的表演项目。

其中，天桥中幡作为一项古老的传统民间艺术，是老北京文化尤其是老天桥文化的缩影。[①] 它起源于皇室仪仗队的旗杆，逐渐演变为军队使用

---

① 朱艳楠，郑丽．北京非物质文化遗产的保护与发展研究：以天桥中幡为例［J］．传承，2014（8）：141－143．

的旗帜，后来成为民间庙会的表演节目，最终成为天桥的标志性项目。可以说，天桥中幡是中国历史文化的一个缩影，具有反映历代王朝社会功能的作用，并在表演中展现其美学价值。2006 年 5 月，天桥中幡被列入首批国家级非物质文化遗产代表性项目名录，对其历史进行研究具有重要的学术意义①。

表演类节目赛活驴又称“毛驴舞”，由 20 世纪三四十年代活跃在天桥的著名民间艺人、天桥“八大怪”之一关德俊、乔金凤所创编，是集曲艺、杂技、舞蹈于一身，又与“逗哏”相结合的传统体育项目。

（二）天桥表演类民俗体育项目发展困境与优化策略

调查显示，年轻一代对天桥表演类项目兴趣不高，更喜欢新兴体育项目②。青年人缺乏对传统民俗体育项目的研究与学习，加之民俗体育项目式微，使其发展受到冲击，学习、传承和发展出现断层，整个项目陷入窘境，并且天桥传统体育项目信息封闭，传承路径单一。

针对天桥表演类民俗体育项目信息封闭、资料缺失等问题，信息数字化记载是有效解决措施。运用现代化模式建立数字信息库，将图片、文字、音频、视频等资料上传至公共信息库，并进行数据化分类整理，对项目所涉及的人文历史、社会起源、文化内涵、项目介绍等进行信息化处理，使天桥民俗体育项目的相关资料得以永久保护，方便后人查阅、学习，乃至推广和发展。

二、天桥民俗体育健身类项目的发展优化

（一）天桥健身类项目简介

北京天桥健身类项目是指群众自发参与，以健身、养生、休闲娱乐为主要目的，有强身健体、欢娱身心等功能，有一定模式且曾经在天桥地区有广泛群众基础的传统体育项目。相较于表演类项目和竞技类项目，它不受严格的规则限制，更易于群众习练；不同于现代竞技体育项目，它具有广泛的包容性，涵盖了各具特色、以健身活动为目的、以休闲活动为形式

① 徐晓东．北京天桥传统体育文化挖掘整理与传承发展研究［D］．北京：首都体育学院，2022.

② 陈文鹏，杨少强，张长念．北京天桥民俗体育项目分类发展探析［J］．传承，2024，9（10）：132－135.

的不同的传统体育项目。天桥民俗体育健身项目主要有空竹、踢花毽、天桥盘杠。

空竹作为一种流行至今的大众运动项目，广受群众欢迎，兼具健身、娱乐、休闲、养生、竞技和观赏等多种功能。开展这项运动，需要准备一个空竹和一根棉线绳，参与者双手各持一根约两尺长、另一端用棉线绳相连的木棍。抖空竹时，右手发力，凭借惯性，左手顺势将空竹抛至空中并使其逆时针旋转。抖空竹的精髓就在于“抖”，既要靠高超的技巧让空竹高速旋转，还要保证它不会脱落棉线绳。习练者长期练习就能在此基础上添加更多的花样玩法，丰富运动路线和技巧。空竹主要的花样技法有 100 余种，如“金鸡上架”“彩云追月”“海底捞月”等①。同时，抖空竹者在运动的时候，能够充分活动手腕、肘关节、肩胛等部位，有效锻炼身体灵活性、协调性，以及上肢众多肌群，促进血液循环，具有非常高的运动价值。天桥涌现的空竹名人有很多，如王桂琴、张国良等传承人。如今，有许多人还在为空竹运动的传承而努力奉献着。

踢花毽有两种模式。一种是多人围成一圈一起踢一个花毽，保证毽子不落地，另一种是两个人面对面踢。多人一起踢的时候，人数必须为偶数，人数为奇数的时候就会出现一个人当替补。还有一种是每个人各踢各的，无论踢什么样的花，都要保证毽子不落地，如外拐串腕、骗马、锛尖剪子、股过领、朝天凳、金鸡独立等②。踢花毽虽然花式繁多，但最考验人的还是基本功和心理素质。盘、拐、蹦、磕、落、片、别、抹是基本功，像“盘”就是让毽子不落地的技巧，只有掌握了这些基本技巧，玩的过程才能顺畅。踢花毽的过程中，心理因素影响较大。比如，连踢了多次的时候，踢毽子的人就要稳住心态，不能过于兴奋而导致动作失准。多人踢花毽的模式很考验参与者之间的配合和默契，过程中还会边踢边交流，在说笑中玩乐，既增加了趣味性，又锻炼了身体的肢体协调性和柔韧性，带来身心愉悦。

天桥盘杠，也叫“盘杠”或“盘杠子”，起源于汉代，属缘竿技艺。盘杠所用的杠是木制的，其制作工艺精湛，造型美观。不过它和现在的单双杠体育项目有不少差别。盘杠的动作有两百余个，分为上、中、下三式

---

① 徐晓东．北京天桥传统体育文化挖掘整理与传承发展研究［D］．北京：首都体育学院，2022.

② 徐晓东．北京天桥传统体育文化挖掘整理与传承发展研究［D］．北京：首都体育学院，2022.

把活。“上把”，是在杠上做出各种倒立动作，又称顶大顶，如插花顶、八字顶、元宝顶、磨盘顶等；“中把”，是利用双手或身体在木杠上进行各式的旋转、腾跃动作；“下把”是在杠下完成吊挂动作。盘杠非常考验人的肢体灵活性和各关节部位的协调性。练习盘杠对身体的腕关节、肩关节、髋关节等部位均有益处。

（二）天桥体育健身类民俗体育项目的发展困境

天桥文化历史进程曲折坎坷，发展断断续续。虽然在现代有着较为广阔的发展前程，但是在具体推进中还存在诸多难题。

1. 传播范围力度匮乏

众多北京天桥体育项目没落多年，民众对其了解少之又少，导致健身类民俗体育的传播受众范围较为狭窄。早年间，天桥体育项目只通过家族或拜师方式传承。家族传承虽在一定程度上能保护本家族的技术特点，但部分传统体育项目有着“传男不传女，传里不传外”的规定和习惯，加之选材严苛、训练辛苦，最终导致项目后继无人、濒临失传。近代，天桥体育往昔的繁荣随着天桥的没落已不复存在。新中国改革开放后，国家大力发展挖掘非物质文化遗产，一些为人熟知的、简单的体育项目才重新发展起来。

2. 传播内容繁复冗杂

天桥体育项目动作复杂烦琐，常人不易练习，导致传播难度增加。明清时期的天桥艺人，不管是家族传承人还是拜师学艺者，都极为看重技术和品德，其技术水平都比较高。如果技艺疏浅，同行一眼便能认出他是个“半吊子”，非专业出身，而打着专业的名号做着不专业的事，其名声就会因此受损，正所谓“外行看热闹，内行看门道”。所以，早期天桥体育因高难度专业技术导致其传承的艰辛。随着时间的推移，这些高难度、超惊险的动作还在不断复杂化。

3. 传播人才逐渐减少

北京天桥健身类民俗体育项目缺少技术精湛的专业人才。随着现代化进程的加快和西方体育在国内广泛传播，一些古老质朴的非物质文化遗产正逐渐淡出大众视野，导致这类体育专业人才逐渐减少。如果专业人才的数量和质量持续下滑，那么项目将陷入“后继无人”的尴尬境地。

（三）北京天桥健身类民俗体育项目发展的优化策略

推广具备健身作用的天桥体育活动，需学习贯彻习近平新时代中国特色社会主义思想，落实全民健身的国家战略等方针，推动高质量发展，巩固并提升全面建成小康社会阶段的全民健身成果，切实满足全面建成社会主义现代化强国对健康基础的新要求。因此，发展北京天桥健身类民俗体育的首要任务是将此类传统民俗体育运动广泛、科学、优质地向民众传播，使民众在运动中达到预防疾病、强身健体、娱乐修心、激发热情的目的，进而增强民族自信心，提升民族凝聚力，更好地传承中华优秀传统文化。

1. 扩大参与群体，推进全民健身

（1）国家体育特别是非遗体育运动相关部门要积极举办赛事。这不仅能提供更多展现天桥体育运动的平台，会聚更多的爱好者，促进运动爱好者与专业运动员交流，还能吸引社会的更多关注，扩大受众范围和人群，进一步推进健身类天桥体育的发展。

（2）中小学应积极推动健身类非遗天桥体育进校园。通过开设此类课程，拓宽体育课的内容范畴，使学生通过运动实践更深刻地了解中国传统体育、了解中华传统文化。这不仅能使体育课更加具有意义，还能有效传播健身类天桥体育，从小培养兴趣，从小催生爱好。校园传承是传播和推广中国传统体育项目的有效途径，一直受到学术界的广泛倡导。值得一提的是，在政府的扶持和传承人的努力下，目前部分天桥传统体育项目已开始在校园内尝试开展。

（3）全国高校应积极开设此类选修课程，丰富高校学生的健身选择。让高校学生认识到，除了可以在健身房强身健体外，习练此类非遗运动、优秀传统运动也能很好地锻炼肢体灵活性、肌肉协调性等，从而增加其对中华优秀传统文化、对非物质文化遗产的研究兴趣，带动更多的高校人才参与天桥体育文化的传播，从而加快中华文化传承的脚步。

2. 注重培养专业人才，重视发展传播的专业化

北京天桥健身类体育的发展离不开专业人才的支持，培养优秀的专业运动员是拥有美好发展前景的重要基础。健身类天桥体育对专业程度的要求更高，如习练者存在不规范、不标准的动作却未被及时纠正，将严重影响动作效果，轻则未达到健身目的，重则导致损伤。如今，相关专业人才十分稀缺，而参与习练的民众数量日益增多，在这种需求远超供给的情况

下，应该重视天桥传统体育指导队伍的建设，着重培养专业院校的运动员以及家族、师徒传承体系中的传承人。也可邀请专业教授到体育院校或高校对体育教师进行专业化培训，还可推动各平台达成协议，相互学习、相互成长，实现专业资源共享。

3. 依据群体需求调整，推陈出新技术内容

要将健身类天桥体育项目传播至各类群体，就要根据不同群体的不同基础对技术动作进行优化完善。从传播的角度来讲，在保留传统技术特色的基础上，可将动作进行适当改编。首先，对于年少者群体，可以保留或增加趣味性较高的技术动作，能快速激发其学习兴趣；其次，对于青年习练者，要对部分需要器材、场地的动作进行合理调整，使其在不受客观因素限制的情况下也能方便地练习，可以节省时间；最后，对于年长者群体，适当降低技术难度，将动作简化，既能够起到锻炼身体的作用，又能降低老年人在运动时受伤的风险。

从传播的地理范围考量，在中小学或高校，可以将健身类天桥体育项目改编为体育操的形式，利用课间操或体育课进行统一教学；在专业体校，则应强化技术的专业性，重视技术、重视比赛，以赛促练、以练迎赛；对于民间习练者，应选取美观大方又简单易学的动作，通过表演展演形式，实现既能健身，又能传播的目的。总而言之，要将北京天桥健身类民俗体育技术发展得更加全面，使不同的受众群体都能获得运动的乐趣，从而助力其更好地发扬与传承。

三、天桥民俗体育竞技类项目的发展优化

（一）天桥竞技类体育项目简介

北京天桥竞技类体育项目是指以竞技能力和竞技水平为核心，以参与竞技比赛、取得运动成绩为主要目的，具有技击对抗、力量耐力、技术技巧和速度准度等竞技属性，富有积极向上、催人奋进的精神且曾经在天桥地区进行展演的社会体育活动，且与时代发展相适应。其中，以技击对抗为主要目的的天桥摔跤，被列入第二批国家级非物质文化遗产名录；以竞技表演为主要目的的天桥武术表演项目丰富多样，是天桥民众在社会实践中不断积累和丰富起来的体育非物质文化遗产，蕴含着浓厚的文化哲理。以力量耐力为追求目标的硬弓，作为狩猎和冷兵器时代的兵器流传于世，随时代变迁逐渐淡出战场，演变出拉硬弓这一传统体育项目。后因武举制度废除，习练人数逐渐减少。而以爆发力为目的的“举大刀”是从古代武

举制考核内容中的刀术演变而来。清朝时民间艺人广泛吸取中国武术、舞蹈表演、戏曲等技巧，创编出了“举大刀”。“举大刀”曾享誉国际舞台。以准度为目的的天桥打弹弓表演因其惊心动魄且具有较强的互动性，一度成为天桥观众最为喜爱的表演项目，很多传神的动作名称，如“天鹅下蛋”“檐前滴水”“浪子踢球”“燕口夺泥”等，生动地展现了它的艺术魅力。还有爬杆，由清末在天津从事码头搬运工作的习武之人以练爬木头杆子作为娱乐演变而来，2014 年 3 月，被列入第四批北京市西城区级非物质文化遗产项目。

（二）北京天桥竞技类民俗体育项目的传承困境

1. 项目传承方式存在弊端

民俗体育不仅具有经济实用价值和教育功能，还有其独特的强身健体作用，能吸引更多人参与体育活动，推动全民健身的实施。传承人是保护和传承民俗体育文化的关键和核心，掌握着民俗体育项目的精髓，肩负着保护和传承传统体育文化的重任。北京天桥的民俗体育文化主要以家族、师徒、组织以及学校教育等形式进行传承。竞技项目中，天桥摔跤通常采用家族、师徒或学校教育等形式进行传承，而拉硬弓、举大刀、打弹弓、掷石锁等项目则主要依靠家族和师徒两种方式传承。但每种传承方式都不可避免地会有一些不足之处。例如，受封建社会男尊女卑观念的影响，家族传承人男女比例失衡，师徒传承受众面狭窄。且大多数传承人自年幼习练技艺，虽技艺高超，但文化程度低，极少参加比赛和演出等公开性活动，致使项目传承人缺乏社会身份认同。

2. 群众赛事活动社会参与度低且不稳定

调查显示，天桥竞技类民俗体育项目群众参与度不高，其原因主要有两方面。首先，项目具有一定的对抗性、竞技性，对身体素质及力量要求高，同时，项目容易造成运动损伤，因此更适合有一定运动基础的人群参与。其次，受现代社会生活条件的影响，民众的工作节奏快，工作任务重，休闲时间碎片化，运动健身意识弱，没有养成锻炼的习惯，对传统民俗体育项目了无兴趣。随着我国文化强国建设的不断推进，大众对文化活动的需求越来越高，然而北京天桥竞技类民俗体育项目却与现代社会发展脱节，一方面，群众不了解、不愿参与竞技类民间民俗活动，部分群众不理解民间运动的意义，传统的天桥摔跤跟不上时代发展的步伐，致使群众对民间运动的内涵理解不全面。另一方面，通过访谈了解到，参赛群体中多为专业人员，很少有普通群众参与比赛，这也是竞技类民俗体育项目比赛数量减少的一个重要原因。随着社会经济发展水平的提高，民众对竞技类民俗体育项目的要求也越来越高，但是民间竞技类民俗体育项目在群众中存在参与度低、项目内涵和活动意义不明等问题，阻碍着传统民俗体育赛事的发展。因此，在新媒体时代对其开展创新传承与保护尤为关键，而创新传承的核心就在于获取民众的文化认同。

3. 市场缺乏专业指导人才

天桥竞技类项目具有一定的技巧性，要经过长时间的学习才能掌握。但目前既没有专门针对北京天桥竞技类民俗体育项目的专业培训机构，也缺乏专业的指导人员，而且流传的许多项目受多种因素的影响和制约，致使传承人没有培训、理论学习和教学经历。因此，需要培养一批具有经验的专业指导人员，为北京天桥竞技类民俗体育项目的发展和推广提供人才保障。

（三）北京天桥竞技类民俗体育项目的优化策略

1. 结合现代技术手段，优化传承方式

首先，民俗体育项目的传承需借助现代技术手段，使其能更好地被人们了解，提升群众的熟知度；其次，运用现代技术对北京天桥竞技类民俗体育项目进行重新包装和宣传扩大影响力；最后，将竞技类民俗体育项目与现代化技术相结合，利用网络新媒体实现其现代化传承，让传统项目跟上时代的节奏。

2. 发挥政府主导作用，增加赛事组织形式与活动

北京天桥竞技类民俗体育项目的保护和发展，需要政府发挥其主导作用，建立相关组织机构，设立多个民俗体育竞技类传承活动中心，通过举办传统特色的比赛，使竞技类民俗体育项目在群众中广泛传播，提高竞技类民俗体育项目传承活动的社会影响力。

3. 注重培养专业人才，鼓励青少年投身学艺

采用“老带新”模式，加大对北京天桥竞技类民俗体育项目专业人才的培养力度。鼓励传承人成立非物质文化遗产传承工作室，或组建“老字号”保护协会；同时，鼓励企业单位开展此类项目的培训与推广，吸引青少年积极投身于北京天桥竞技类民俗体育项目的学习与传承。

四、北京天桥民俗体育文化保护成效与路径

（一）北京天桥民俗体育文化保护成效

促进北京天桥民俗体育文化发展，需政府和传承人两方面共同发力，具体措施如下。

政府层面，《天桥民俗文化挖掘、抢救、保护方案》的发布，使天桥民俗文化保护工作迈入制度化、正规化的轨道。宣武区（现已与西城区合并，形成新的西城区）根据方案，成立了天桥民俗文化遗产保护委员会，每年划拨五万元专项经费，用于天桥民俗文化的深挖、抢救与保护，在传承既有天桥文化的基础上，对老一辈的天桥民俗艺人和绝技传承人进行访谈，搜集、归纳及整理濒临灭绝的民俗文化项目资料与历史信息，并基于此，建立线上、线下以展览为目的的天桥民俗博物馆。另外，围绕天桥民俗文化的挖掘、抢救、保护，民俗社团组织开展了“曲艺”“京剧”“西洋电影”“中幡”“角力”等表演活动，举办以“天桥杯”为主题的民俗文化挑战赛和民众天桥文艺演出，扩大了天桥文化的影响范围；同时，借助天桥地区的群众表演和全民健身活动以及传统节日庆典，为天桥民俗体育文化活动搭建起广阔的展示平台。

传承人层面，依据《天桥民俗文化挖掘、抢救、保护方案》，原宣武区文化委、天桥街道组织走访传承人，找到了老天桥民俗艺术鼻祖辈唯一在世的朱国良老人，让这位老艺人在新一轮搜集、挽救民族民间文化工作中由“幕后”走到了“台前”。身为老天桥的历史见证者，朱国良先生不但将自己收藏的十几张天桥老相片捐赠出来，更将双风贯耳、钉板开石、五花飞石等濒临失传的自家天桥绝技精髓传授给专业人员。专业人员对天桥绝技进行详细的记录、整理，为其今后的传承创造良好的条件。为了发掘、保护、抢救有价值的天桥文化遗产，原宣武区首次组建了天桥民俗文化保护委员会，成员包括天桥老艺人、作家、民俗文化专家等，并成立了“民间文化社”“天桥民间艺术团”“中幡表演队”“空竹队”等团体，以发掘和传承天桥民俗文化的精华。天桥街道还举办了系列民俗文化节，展示区域民俗特色，丰富人民群众的文化生活和精神生活。

（二）北京天桥民俗体育文化保护路径

1. 重视传承人保护以及经费投入

以家族传承与师徒传承为主要传承方式，是北京天桥民俗体育能够长

久延续的重要手段。保护工作应从人的角度切入，尊重传承人的切身利益，遵循“以人为本”的原则，鼓励传承实践。同时，政府要发挥主导作用，在宣传推广、资金扶持等方面给予支持。如改善传承人的待遇，奖励积极的传承行为，以此带动群众主动学习，确保北京天桥民俗体育活动的长期传承。同时建立“民间艺术家扶助基金”，对民俗体育文化进行有效的保护与扶助；积极组织民间传承人、民间艺术表演团体参加文化交流活动，使其融入人民群众的生活。对于这种代代相传，承载历史的传统文化表现形式与资源，要进行动态的、整体的、可持续的保护。因而，对传承人的保护和有序化的管理是体育类非物质文化遗产保护的重点。

2. 发展体育旅游，嫁接好北京天桥民俗体育项目

旅游文化产业的繁荣，会吸引来大量的游客。体育旅游同时具备旅游和体育的特点，属于新兴的旅游市场。借助北京丰富的旅游资源和吸引力，体育旅游在旅游业中的份额不断扩大，参与人数逐年递增，体育活动的形式也愈加丰富多元。北京的各个景点，国内外游客云集。可以通过在景点展演、开展趣味传统体育比赛或培训，让游客参与传统体育活动，使他们了解并对北京天桥民俗体育产生兴趣；还可以推出系列文化产品及衍生产品，让游客把“北京天桥民俗体育”带回家，扩大天桥体育宣传范围，提高其知名度。

3. 建立档案和相关的法律法规

政府及相关部门应组织专业人员对《中华人民共和国非物质文化遗产法》进行深入研究，并根据各地的实际情况，制定相应的实施办法，加强天桥民俗体育政策法规的完善和机构、制度的健全。推动天桥非遗申报北京市及国家非物质文化遗产项目，目前，北京市各地文化管理中心已经收入天桥民俗体育项目相关材料并建立档案，在“北京市宣南文化节”“北京厂甸庙会”等文化活动中，将“天桥民俗体育”作为重要的展示内容，并作为“宣南文化馆”展览的一个部分。此外，还应对非物质文化遗产进行系统化、科学化的管理，设立非物质文化遗产交流中心，方便公众就北京天桥民俗体育文化的保护建言献策，提出意见，促进其更好发展。同时，在针对保护北京天桥民俗体育立法时，应考虑天桥地区的独特性，选取那些了解和熟悉天桥民俗体育，并长期居住在该区域，对该区域有深刻认识的高层次专家、学者和法律人才。此外，除了保护机制，北京天桥体育文化遗产名录的认定、申请和管理的相关法律法规都要同步细化。

4. 将北京天桥民俗传统体育项目纳入学校体育之中

教育的文化传承功能给天桥民俗传统体育项目的传承发展开辟了新的路径。然而，仅通过传统体育课程的开发、民俗文化师资力量的培养，显然难以达到对天桥民俗文化的有效传承，因此，必须正视局限，进行系统规划，以提升其在学校中的传播效能。要加强北京市高校、中小学民俗传统体育课的开展，在教学体系中体现民俗传统体育的重要性，编写专业教材、开设固定课程、明确教学目的与要求。同时，鉴于学校管理和传承传统体育的职责衔接不紧密等问题，政府职能部门应该分工合作，将传统体育文化遗产的传承纳入学校教育和文化遗产的传承体系，构建稳定的责任挂钩模式。

5. 发挥各类媒体功能优势

传统媒体和新媒体具有各自的独特优势和受众群体。媒体在为受众提供精神文化产品的同时，也要起到引导作用。尤其是在传播受众关注度并不高的北京天桥民俗体育文化内容时，应进行深入研究调查，了解受众喜好的内容及传播方式，提高传播效果。媒体工作人员应着重培养对传统体育文化的传播兴趣与宣传热情，提高专业素质，坚守职业道德，锤炼过硬本领，以“信、达、雅”的态度传播传统体育文化的正能量。宣传部门应解放思想，调动新媒体从业者的积极性，打造一批具有鲜明特色的北京天桥民俗体育文化传播精品，充分发挥新媒体宣传优势，使北京天桥民俗体育文化与新媒体平台有机地结合在一起，推动北京天桥民俗体育文化在新传播渠道助力下不断前进。天桥民俗体育文化的保护和传承，不能自我封闭，应积极与其他文化甚至外来文化相互交融，同时保持文化的独特性，做好文化抢救性开发和传承，加强“文本”记录，避免因社会变迁和时代发展而丢失民俗体育文化内容，尤其要对濒临失传的传统体育项目实行差异化对待。

第二节　甘肃省民俗体育旅游资源开发的困境与解决对策

一、甘肃省民俗体育旅游资源开发困境

甘肃省民俗体育旅游资源开发目前存在诸多问题，主要有地方政策落实困难、基础设施建设不足、专业人才缺乏、产品设计创新不足、市场营

销与宣传力度不够、品牌建设滞后、战略性管理缺失等。

（一）地方政策落实困难

甘肃省政府及相关部门为促进民俗体育旅游资源开发，虽然出台了一系列文件，但政策落实情况却并不乐观，主要表现在以下几个方面。

1. 政策宣传和理解不到位

政策宣传若不到位，企业和公众就难以熟悉相关政策，就无法充分利用政策带来的优势和机遇。当政策的宣传和解读出现偏差时，就会造成公众和相关利益方对政策产生误解，这种误解会削弱政策本身的效果，降低民众参与的积极性。

2. 财政支持力度有限

一方面，民俗体育旅游资源的开发离不开财政支持，但受当地经济增长缓慢影响，造成政府财政资金紧张，在旅游资源开发中的投入占比不高，支持力度有限。另一方面，社会资本也是旅游资源开发的重要资金来源。但民俗体育旅游资源开发对社会资本的吸引力不强，社会资本投入不足，既加重了政府投资压力，又制约了旅游资源开发的深度和进度。

3. 监管和执行力度不足

在民俗体育旅游资源开发中，政策的落实起着决定性作用。若政策执行人员对民俗体育旅游资源开发不够重视，或缺乏必要的执行能力，其执行力度势必不足。政府在制定相关政策后，执行过程中一旦督查乏力，就可能导致责任不到位、财政资金无法有效运用到具体的项目上、相关政策和规定难以得到有效的严格执行，进而导致项目进展缓慢或效果不佳，影响资源的充分开发利用。

（二）基础设施建设不足

民俗体育旅游资源的开发离不开完善的基础设施，基础设施不完善会直接影响民俗体育旅游产品的服务水平。

第一，虽然甘肃公共体育设施整体建设有一定发展，但在部分地区，公共体育场馆、体育健身中心等基础配套设施依旧很薄弱，对民俗体育旅游活动的开展构成了阻碍。

第二，甘肃省旅游住宿、餐饮、交通等服务设施尚不能完全满足游客需求。乡村旅游作为民俗体育旅游资源的重要载体，乡村道路、停车场、旅游厕所等基础设施建设还有待加强。

第三，随着旅游业的发展，智慧旅游已成为提升旅游体验的关键路径。甘肃省在智慧旅游景区建设、智慧旅游产品供给等方面还有较大的提升空间。

（三）专业人才缺乏

尽管甘肃省文化和旅游厅通过院校合作办学、引进高端人才等多个渠道打造人才集聚优势，但是目前甘肃省民俗体育旅游产业专业人才匮乏问题依旧突出。

第一，人才培养、引进乏力。虽然甘肃省对文化旅游系统领军人才的培养和选拔制订了相应计划，但是目前人才规模仍然远远不能满足民俗体育旅游资源开发建设的需求，尤其在体育旅游、文化传承领域亟须培养和引进专业人才。

第二，高层次人才短缺。甘肃省推进高层次人才队伍的可持续发展工程，旨在培养更多的省级和国家级旅游人才，但目前高层次人才短缺的问题，仍限制了民俗体育旅游资源开发的专业性和深度。

第三，基层人才队伍建设不足。基层旅游人才是推动民俗体育旅游资源开发的重要力量，甘肃省在基层旅游公共服务队伍和旅游企业基层从业队伍建设方面还需加强，尤其是在乡村旅游和民俗体育旅游领域还需精准发力。

第四，产教融合基地建设滞后。甘肃省推动实施省级旅游“英才计划”，支持高校特色骨干学科专业增设赋能文旅新专业，但产教融合基地建设和人才培养工程的推进力度仍然不足，还需加大，才能更好地为民俗体育旅游资源开发提供专业人才支持。

第五，人才评价使用机制不健全。人才综合数据网络平台不健全，易导致人才评价使用效率低下。缺乏有效的人才评价使用机制，也会影响人才的合理配置和发挥专业才能，掣肘产业的发展。

（四）产品设计创新不足

第一，甘肃省民俗体育旅游产品同质化现象突出，缺少鲜明的特色和竞争优势，市场产品没有明显差异，难以评价不同旅游产品的优劣；无法为游客提供个性化、新奇的旅游体验，吸引力十分有限。旅游资源的开发缺少创新理念和持续的推动力，在开发民俗体育旅游产品方面缺少技术创新和突破，也缺少对体育文化产品和旅游宣传广告的创新。

第二，在开发民俗体育旅游产品时忽略了当地的文化及民俗活动的特色，缺少因地制宜的旅游开发理念。

第三，在开发民俗体育旅游产品时，存在着市场定位不清晰的问题，缺少对市场的深入分析与调研，难以准确把握游客群体需求，无法明确适合该旅游产品的目标市场，从而无法推出高质量、契合市场需求的产品，难以吸引相应的市场受众。

第四，甘肃省民俗体育旅游资源开发缺少文化的创新。甘肃地区文化资源丰富，但是在将文化资源转化为民俗旅游体育产品时，对文化元素挖掘和运用不足，导致文化元素在旅游产品中的体现不深入、不广泛，阻碍了对民俗文化旅游全面探索与实践研究，也不利于充分展示甘肃民俗文化旅游的独特魅力。文化传承创新必须与旅游业融合发展，互相促进、相辅相成。甘肃省尽管在“走出去、请进来”方面进行过诸多尝试，如举办“丝绸之路（敦煌）国际文化博览会”，但文化与旅游产业深度融合的工作仍有待深入落实。

（五）市场营销与宣传力度不够

甘肃省虽然拥有丰富的民俗体育旅游资源，但在市场营销和宣传推广方面还存在不足，导致旅游资源的知名度和影响力有限。

第一，缺少长期与系统的营销计划。良好的市场营销需建立在长期的战略规划基础上，但甘肃省部分旅游企业习惯采用短期的营销策略，忽视了长期品牌形象塑造与市场定位的构建。

第二，缺少创新性、差异化的营销措施。旅游市场竞争日趋激烈，若缺少创新性、差异化的营销措施，会导致甘肃省民俗体育旅游资源开发难以凸显特色，难以有效吸引游客。

第三，资源整合推广合作不够。成功营销要整合资源，如整合政府资源、企业资源、媒体资源等进行推广，提升目的地的知名度和吸引力。甘肃省拥有丰富的民俗体育旅游资源，但各资源相互之间缺乏整合，各自为战，缺少统一的平台或机制，难以将这些资源整合成特色的优质旅游产品进行推广。

（六）品牌建设滞后

品牌建设是民俗体育旅游资源开发的重要内容。目前甘肃在民俗体育旅游领域的品牌构建工作严重滞后，缺少品牌吸引力以及强大的市场影响力，制约了产业融合的效率和质量。甘肃省需加大力度推出专项旅游产品以及高端私人定制旅游产品，填补市场空白，引导产业升级。

（七）战略性管理缺失

甘肃省在民俗体育旅游资源开发上缺乏战略性管理，主要表现在以下几个方面。

第一，缺乏统筹规划。短视的战略思维导致民俗体育旅游资源开发缺乏全面规划，未从宏观、长远的角度进行系统考量，无法对民俗体育旅游资源开发进行科学、合理的规划。这样不仅不利于挖掘旅游资源的潜在价值，还可能导致资源浪费和环境承载压力上升等问题。

第二，存在急功近利性。在管理和发展策略上，过于追求短期经济利益，缺乏可持续和长远发展的经济理念，对旅游资源、自然和文化遗产进行掠夺式开发，影响其今后利用的持续性。

第三，对市场变化反应迟缓。短期的管理和战略很难适应市场需求和趋势的快速变化。对消费者偏好变化的忽视或反应迟缓，导致民俗体育旅游产品和服务无法契合市场需求，从而丧失市场竞争力。

第四，文化和环境保护缺失。过度看重短期经济效益，忽视对当地文化和生态环境的保护，既是对文化遗产、自然环境的损害，也是对文化和环境作为旅游吸引力基础地位的短视表现。

第五，社区和利益相关者参与不足。由于管理和战略的短视，忽略与社区和其他利益相关者的合作与协商，项目执行面临阻力，甚至引发社会冲突。

第六，错失可持续发展机会。由于缺乏长远发展规划，错失了利用旅游资源开发实现可持续发展的机遇。例如，不能通过旅游改善当地居民的生存生活条件，促进就业，推动环境保护，以及促进文化遗产保护等。

二、甘肃省民俗体育旅游资源开发困境的突破对策

（一）遵循旅游资源开发原则

甘肃作为文化旅游大省，民俗体育旅游资源开发潜力巨大。对其进行科学合理开发应遵循以下原则。

一是统筹设计、合理布点的原则。甘肃民俗体育旅游资源开发，要以市场为导向，依托当地的自然风景和人文风光科学规划、合理布局。要预判项目开发后的市场效果，开展可行性分析，选择项目时要注重与当地自然风光和人文景观的契合，保护生态环境和民族风貌特色，实现可持续发展。

二是保护生态、可持续性原则。甘肃省民俗体育旅游资源开发要秉持可持续性原则，杜绝过度开发破坏生态环境。开发中，要充分考量对环境与生态的影响，并采取有效措施减少不利影响，维护生态平衡。

三是保护民族文化和民俗特点原则。甘肃多民族聚居，对民俗体育旅游资源开发时，要充分体现各民族的民族文化与民俗特点，避免同质化、无特色开发。既要保护民族文化和民俗特点，也要对优秀民族文化和民俗特点进行传承弘扬，以保证甘肃民俗体育旅游产业可持续发展。

四是有计划、分步骤开发原则。民俗体育旅游资源开发要立足于甘肃的实际情况，分步骤实施。首先，对现有民俗体育旅游资源进行挖掘、整理、分类，筛选出具有代表性和地方特色的资源，开展保护和开发；其次，基于现有开发成果，对有代表性和地方特色的民俗体育旅游资源进行合理规划和利用，拓展其产业价值；最后，要确保计划和步骤有序开展。总之，开发之前，要进行分类梳理、筛选、整合，并结合现有的人力、物力和财力确定开发项目，将具有代表性和地方特色的民俗体育旅游资源作为重点进行开发。确定重点项目后，要制定保护和开发措施，完善基础设施建设。开发过程中要始终坚持可持续发展原则，避免民俗体育旅游资源被过度开发。

（二）促进民俗体育旅游项目与自然景观和人文景观的融合

民俗体育旅游发展离不开自然景观和人文景观。作为民俗体育旅游的载体，自然景观和人文景观的品质直接影响到民俗体育旅游的发展。民俗体育旅游资源的开发需要注重对自然和人文景观的保护，避免急功近利，同时要注重项目的合理布局，推动民俗体育旅游项目与自然和人文景观深度融合，协同发展。

第一，严格筛选项目。选择项目时，必须全面分析项目的可行性。在项目的设计过程中，要突出民俗体育旅游项目的民族特色和文化内涵，如果项目设计不合理，其魅力和吸引力将大打折扣。而且项目要以游客的需求和期望为出发点和落脚点，以满足游客的心理和需求为目标。

第二，项目开发要注重与自然景观和人文景观之间的融合。甘肃作为多民族聚集的省份，发展民俗体育旅游时要充分考虑各民族之间文化、习俗等方面的差异性，开发民俗体育旅游项目时更要给予充分考量，减少不同民族间交流和融合的阻碍。设计民俗体育旅游项目时，要注重自然景观和人文景观之间的融合，让项目能更好地适配多元的文化环境。

第三，在选择开发地点时要注意对环境的保护。如果开发地点是在自然生态环境良好或者人文历史资源丰富的地区，那么这种独一无二、不可复制的资源正是民俗体育旅游项目吸引游客的核心亮点。如果开发地点环境较差或者遭到严重破坏，不仅会严重影响项目开发，还可能造成不可挽回的损失。因此，项目开发要以环保为前提。

(三）加快民俗体育旅游产业人才培养和引进

目前，我国民俗体育旅游已步入快速成长期，旅游行业对专业人才的需求日益增长。在甘肃民俗体育旅游资源开发过程中，工作人员的能力决定着项目的开发质量。为保障开发工作顺利进行，需要对民俗体育旅游管理人才队伍建设给予高度重视。因此，政府应制定相关政策吸引优秀人才投身甘肃民俗体育旅游事业，提升产业的整体水平。

第一，加快培养民俗体育旅游专业人才。依托甘肃本地高校，培养民俗体育旅游专业人才，为甘肃民俗体育旅游产业提供专业人才支持。

第二，鼓励高校开设民俗体育旅游相关专业。建议有关部门尽快出台扶持政策，鼓励高等院校开设民俗体育旅游相关专业，构建专业培养体系，有针对性培养专业的民俗体育旅游人才。

第三，加强与国外高校及科研机构的交流合作，引进具有国际视野、精通外语、熟悉国际市场规则的专业人才，为甘肃民俗体育旅游产业发展注入新活力，助力拓展国际合作空间。

第四，重视民族文化传承与保护。由甘肃省政府部门牵头组建专业的民族文化传承与保护机构，面向少数民族群众提供免费培训，培养具有专业素质的民族文化传承人。

总之，通过组织培训提升旅游从业者的能力素质，促进旅游从业者整体素质的提升；通过提供培训为旅游从业者创造更多的学习机会；提高旅游从业者的福利待遇，吸引更多的人才加入民俗体育旅游队伍，为民俗体育旅游资源开发工作的顺利开展提供有力保障。

(四）强化政府主导，多元主体协同管理

甘肃省民俗体育旅游资源开发管理主体的划分、管理机制的建立，对于旅游资源开发的科学性、规范性以及可持续性至关重要，因此应着力构建政府主导、其他主体多元协同的管理机制，保障产业健康发展。

第一，建立健全民俗体育旅游资源开发的管理机制，充分发挥政府的主导作用。民俗体育旅游资源具有独特、差异、不可替代性，其开发是较为复杂的系统工程，需要政府充分发挥主导作用，建立健全民俗体育旅游

资源的开发管理机制。科学规划、规范管理，促进民俗体育旅游产业的健康、稳定、持续发展。

第二，建立健全民俗体育旅游资源的管理体系和各部门的联动机制。甘肃省民俗体育旅游资源丰富，开发潜力巨大，但同时也存在管理混乱、系统性缺失等问题。要科学、有序地开发、利用民俗体育旅游资源，就必须建立健全民俗体育旅游资源管理体系及各相关部门的联动机制，高效解决开发过程中遇到的各类难题。开发过程中，要强化与国土资源、环保、卫生、公安等部门的协调沟通；构建与文化、旅游等部门的协同机制，形成联动效应；推进与商务、金融、科技等部门的沟通协调；深化与交通部门的协作；加强与电信、金融等部门的对接。

综上所述，甘肃省民俗体育旅游资源开发要采用多元主体协同管理的开发模式，即政府主导、多元主体协同管理。在此模式中，首先，要充分发挥政府对资源、空间的规划整合作用，运用对资本市场与产业的管理、引导与调控手段，凸显政府在旅游资源规划引领、开发机制构建、开发政策制定以及保护机制完善等方面的引导作用，健全旅游资源开发的法律法规、政策及规章制度，为旅游资源的开发提供政策与制度支持。其次，要充分发挥市场在资源开发中的基础性作用，妥善处理政府、市场的关系，将市场机制引入旅游资源开发的过程中。最后，要充分发挥非政府主体的协同功能，丰富其参与资源开发的模式。通过多元主体协同管理，保护好民俗体育旅游资源的生态环境，在生态保护与资源开发的协调平衡中，推动甘肃省民俗体育旅游事业高质量发展。

（五）打造品牌产品

1. 打造品牌产品，提高知名度

品牌产品是核心竞争力所在，只有打造出具有竞争力的品牌产品，才能提高知名度。因此，甘肃省在开发民俗体育旅游资源过程中必须将打造品牌产品作为重要手段。要始终以市场为导向，积极开展市场调研，不断挖掘出更多适合甘肃省民俗体育旅游发展的项目。例如，可以通过建立民俗体育旅游示范区，推进旅游资源开发，通过创建民俗体育旅游特色小镇、休闲农庄等形式打造品牌产品。打造过程中，要突出地方特色和民族文化特色，充分利用网络平台宣传推广，实现对游客的有效吸引。

甘肃省民俗体育旅游资源主要有黄河风情游、丝绸之路游、祁连风光游、青藏高原风情游等，这些都是我国乃至世界知名的资源，是民俗体育旅游开发的优质素材。甘肃省还有独特的民俗体育旅游资源，像临夏回族

自治州的花儿、康县腰鼓，为发展民俗体育旅游提供了良好条件。例如，兰州黄河风情线，以兰州黄河景观为核心，以兰州市特有的城市风貌和沿黄风情为背景，集黄河观光、休闲度假、商务会议等功能于一体。可以依托兰州独特的黄河风情线举办“黄河之滨也很美”兰州国际马拉松比赛等系列体育赛事。甘肃省民俗体育旅游资源开发要充分挖掘民族地区独特的民俗体育旅游资源及其蕴含着的独特文化价值，充分展现传统文化、民族文化得天独厚的优势。

2. 建立特色旅游项目，进行产业联动

甘肃民俗体育旅游资源的开发，既能满足不同游客的旅游体验，也能在精神方面给予游客滋养。但若想让游客有更好的体验，就需要结合当地的特色文化，进行相应项目的构建。开发过程中，需要充分考量当地资源优势并加以整合，同时需要综合考虑当地自然环境与人文环境等因素，并与其他相关产业联动。例如，可将传统体育资源、旅游资源与当地的农业产业相结合，在推动旅游业发展的同时创造更大的经济效益。还可以将民俗体育旅游资源与文化、教育等产业等相融合，形成特色产业形态，以多元的形式进行呈现，满足不同游客的需求。让游客在体验中获得更多精神享受，深切感受传统文化的魅力，增进他们对当地文化的喜爱。

（六）完善甘肃民俗体育旅游基础设施建设

民俗体育旅游产品是由物质和精神两个层面构成的，要想让游客获得精神上的愉悦，必须有适合其欣赏和参与的物质载体。民俗体育旅游资源开发时，应该从游客体验出发，完善配套设施。具体应做到以下几点。

第一，甘肃省要结合实际，完善和优化现有的基础设施，满足游客的需求。例如，在农村建设具有地方特色的体育旅游场所，配置体育健身设备。在城市建设具有体育旅游功能的体育公园、休闲广场等，为游客提供健身空间。

第二，甘肃省应根据实际情况完善景区交通基础设施建设。例如，在乡村建设汽车旅馆、乡村巴士等；在城市建设大型停车场、高速服务区等；在景区周边建设公共交通枢纽站等，提升交通便利性。

第三，对风景名胜区，尤其是山地和生态环境相对薄弱的区域，要做好环境保护工作。

第四，要重视旅游景点的配套服务。如果有足够的接待能力，应尽可能将宾馆等配套设施建设在景区内，还可以打造具有民族特色的小旅馆或

者农家乐，让服务更贴近游客，优化旅游体验。

第五，要加强与周边地区的协作开发。比如，兰州的西固区可以和张掖丹霞景区携手、武威的天祝藏族自治县可以和敦煌的鸣沙山、月牙泉景区联合开发，通过区域协同，拓展民俗体育旅游发展空间。

第六，要完善旅游信息咨询和接待场所等相关基础设施。游客咨询服务中心、公共厕所等基础设施的改善，提升了服务的便捷性与舒适度，可以提高民俗体育旅游的知名度与满意度，促进当地的产业集聚发展。

（七）提升产品内涵，创新文化传承

1. 借助传统节日，促进民俗体育与传统节日文化的有机融合

民俗体育兼具地域性及民族性特征，是重要的民俗体育旅游资源，应积极推动民俗体育与传统节日文化结合，打造具有地域性及民族性的民俗体育旅游品牌。例如，甘肃省每年春节举办的“春满陇原·文化大过年”暨甘肃省民间文艺展演活动，就融入了民间社火、打花棍、舞龙等陇原民俗体育文化活动项目。民俗传统节日作为中华优秀传统文化的重要组成部分，有助于进一步提升民俗体育旅游产品的品牌建设水平。传统节日期间举办民俗体育活动，可使游客了解、体验民俗体育运动项目的独特魅力，感受甘肃深厚的民族文化底蕴。

2. 挖掘民俗体育文化内涵，注重地域特色，提高民俗体育旅游产品附加值

民俗体育旅游产品具有综合性、体验性等特点。不同的旅游消费群体，旅游体验产生的感受不同。甘肃省气候条件良好、地理条件优越，民俗体育旅游资源丰富，独有的自然环境和风土人情，为发展民俗体育旅游产业奠定了良好的基础。在民俗体育旅游活动项目的打造过程中，要深入挖掘甘肃民俗体育文化内涵，突出地域民族特色，提升旅游产品附加值。甘肃历史悠久，文化繁荣，拥有许多珍贵文物和历史遗迹。如敦煌莫高窟、嘉峪关长城、鸣沙山月牙泉、天水麦积山石窟等，这些都是宝贵的旅游资源。可以为甘肃民俗体育旅游资源的开发提供良好的素材；又如长城、黄河、丝绸之路等，不仅可以大力推动甘肃省旅游业发展，而且可以为甘肃民俗体育旅游项目和旅游产品开发提供丰富的灵感。甘肃有许多民族地区，有着不同的民族风情和民族特色，在民间传统游戏、运动中能够展现出各民族独特的民间艺术和民俗运动方式。

因此，要充分盘活甘肃省丰富的民俗体育资源，突出地域特色，增加

民俗体育旅游产品附加值，提升民俗体育旅游产品吸引力，汇聚更多的消费者到甘肃体验民俗体育旅游产品、参与旅游项目。

3. 深度挖掘，凸显文化优势

民俗体育旅游资源开发，必须重视文化的挖掘，发挥甘肃省民俗体育旅游的文化优势，把民俗体育旅游同本地传统文化、民俗节日庆典活动深度结合，创新开发形式，丰富游客体验。开发中，要着重体现甘肃地方民族文化特点，从民族文化汲取养分和灵感，以传统节日庆典活动作为突破口，凸显传统文化的魅力。将地方的民俗体育资源系统挖掘，进行整理、包装和设计，打造成为具有独特气质的民俗体育旅游产品。

开发民俗体育旅游产品，要贴合当地民俗文化特点，在传统节日庆典仪式中融入民俗体育。例如元宵节可以组织踩高跷、舞狮等活动，让游客沉浸式体验节日欢乐祥和的气氛，感受民族文化的魅力。同时，也要注重将传统文化和时尚元素有机结合，突出传统与时尚元素交融的魅力。

（八）加大宣传和推广力度

想要更高效地开发民俗体育旅游资源，就应该加大宣传力度，拓宽宣传渠道，为民俗体育旅游资源开发创造良好的社会氛围。让更多人了解甘肃民俗体育旅游资源，才能吸引游客广泛参与民俗体育旅游活动。当前的宣传媒介有传统媒体和新媒体。

传统媒介具有权威性、传播范围广等特点，让游客能较为全面地了解甘肃民俗体育旅游资源的情况。传统媒介包括广播、电视、报刊等。

随着互联网技术的不断发展，甘肃民俗体育旅游资源开发应该充分利用抖音、微信、微博等网络新媒体平台进行宣传和推广。首先，与旅行社合作，在微信公众号、微博等新媒体平台上推出“甘肃民俗体育旅游精品线路”，游客可以通过手机扫码获取甘肃民俗体育旅游项目和线路的相关信息；其次，利用抖音等短视频平台推广甘肃民俗体育旅游项目，为游客直观地了解甘肃民俗体育运动项目开辟新渠道。

总之，要充分利用好传统媒体和新媒体，对甘肃民俗体育旅游资源进行全方位、多视角的宣传，打造民俗体育旅游品牌。定期举办甘肃民俗体育旅游资源开发与保护研讨会，总结交流开发与保护工作中的经验教训。对民俗体育旅游资源开发过程中出现的问题以及解决的办法进行大力宣传，有效推进甘肃省民俗体育旅游资源开发工作。

第三节 嘉峪关霸王鞭的传承与现代化发展

一、霸王鞭概述

（一）霸王鞭简介

霸王鞭历史悠久，流传广泛。鞭长约 1 米，制作材料以竹、木为主，两头镶有铜钱，鞭身绘有彩画。霸王鞭分为单鞭与双鞭两种，表演者以肩、手、腰、背、腿击打霸王鞭，发出有节奏的响声，然后按照节奏舞动。二人舞或多人舞时，还可相互击打，具有较强的即兴性。击打动作随着情感、性格、技艺而变，舞动霸王鞭能使身体得到锻炼，表演者要完成跳、蹲、转等各种动作。舞蹈中，霸王鞭击打人体主要关节，形成各种动作风格。每个地方都有其特定的动作模式，如湖北的“雪花盖顶”“黄龙缠腰”、山西的“三点头”“缠腰跪打”，还有“走八字”“套葫芦”“龙摆尾”等。云南大理的白族霸王鞭是目前流传最广泛的一种。因当地独特的高原湖泊等自然地理环境形成了其特有的模式。

关于霸王鞭传入西北地区的途径，有两种推测，一是通过茶马古道传入。茶马古道的通达使云南的商人将霸王鞭带到了荒芜的西北，并在西北地区扎根。二是白族士兵从云南应募入伍到西北，因久戍军营思念家乡，在军中练习霸王鞭，从而在嘉峪关乃至整个西北地区兴起风气。特殊的地理与文化环境造就了嘉峪关霸王鞭迥异于云南白族霸王鞭的豪放团结、刚健质朴的风格。

霸王鞭被列入嘉峪关市市级非遗项目，一方面是因为其丰富的文化内涵，另一方面是因为霸王鞭具有很强的健身功效。霸王鞭是一项全身性的运动，通过动作节奏变化、重心转移、四肢协调来完成，需要较高的专注度。因此，人们可以在繁忙的工作生活之余，通过霸王鞭的练习放松心情，实现健身锻炼的目的。

（二）霸王鞭表演分类

根据表演动作、表演方式、参与人数，霸王鞭可分为不同类型。

根据动作特点霸王鞭可以分为高手鞭、低手鞭和混合鞭三种。高手鞭的动作有纵马立鞭、弓步担鞭、二起踢鞭、头顶转花、横抛鞭、竖抛鞭、双响鞭、360 度转身鞭、望月背鞭、对打鞭等十余种。低手鞭有单踢鞭、双踢鞭、跑马步担鞭、晃身鞭、腰鞭、转踢鞭、连四脚鞭等七个动作。混合鞭由高手鞭动作、低手鞭动作和其他动作组合而成，动作种类繁多，如单踢腿横抛鞭、紧回颈转身鞭、弓步穿插紧打鞭、头顶转花双响鞭等。混合鞭的丰富多变弥补了霸王鞭动作单薄、奔放及不灵活的不足。

根据表演节奏不同，霸王鞭分为静止鞭和行进鞭。静止鞭是在表演场地内静止展示鞭法，大多不需要配合，为单一表演形式。行进鞭指表演者之间有阵形的转换和相互之间的配合，考验每个人的功底及配合上的默契度。

除此之外，按场地范围以及表演方式，霸王鞭还可分为广场鞭、舞台鞭等，但这类鞭法较为少见，本书不做详细介绍。

一般来说，表演需要 10—20 人，没有固定的数目，但必须是双数。表演者手持霸王鞭，向上下左右摆动，同时拍打肩、胸、背以及手臂。广场表演时，有时可达上百人，表演方式灵活，变动性较大。如今白族民间流传下来的大多是群体性的舞蹈，并且是大规模的，以“云龙霸王鞭舞”为代表。其表演以男演员为主，通常为单人表演。也有两人表演时，互相拍打对方的肩膀、背部、腿部等的情况。

（三）嘉峪关霸王鞭的发展

嘉峪关市位于甘肃省最西端的西北部，河西走廊中部，南依终年积雪的祁连山，北邻绵延起伏的马鬃山，地理位置险要，自古以来是历代封建王朝的重要边关据点，也是古代丝绸之路的主要通道，东西方文明交流荟萃的中心。拥有深厚文化内涵的嘉峪关霸王鞭是嘉峪关市市级非物质文化遗产传承的重要构成。

在全社会都注重非遗传承发展的当下，政府应该对霸王鞭的发展予以大力的支持。体育文化的传承性是文化的重要特质，在群体性、民间性活动中，霸王鞭作为庆贺项目得以展示。虽然，在传承过程中，民族元素及群体元素曾一度被压抑，但如今它已融入大众生活，成为人们日常的一部分，并且具备坚实的继承根基。霸王鞭起源于军队，并随着体育活动的延续而被保存下来，在具备现代性的同时，保持着传统内核。在节日民俗活动中，其文化内涵不断得到实践和强化，从而深深扎根于群众之中，得以代代相传。由此可见，节庆活动所承载的文化内容凭借其丰富的表现形式，为民俗体育探寻到独特的发展途径与思考方向，拓展了霸王鞭传承的方式，也对其现代化进程提出了新挑战。

二、嘉峪关霸王鞭的传承

作为民俗体育项目，嘉峪关霸王鞭要在社会信息积累与社会共识符号构建中实现传承，要以传统多元的形式为基础发展完善。要让“创造性转化，创新性发展”落到实处，就要通过多样化的表达实现体育文化创新发展与传承路径的探索，重塑文化融合生态的新格局。从制度、物质、文化自信、多样化的传承方式等方面认识传统体育项目的传承，尤其是借助科技力量，让项目“智慧”起来，使传统体育项目焕发出新的生机和活力。

（一）传承的机制体系

嘉峪关霸王鞭的传承机制体系与当地民俗体育传承机制基本相同。在嘉峪关地区，传承机制分为规划体系、组织体系、保障体系、评估体系四部分。规划体系负责民俗体育传承发展战略定位的制定，以及所有民俗传统体育类活动的组织。组织体系根据规划体系的指标，设计具体的策略，参与实施和运作，并对整个运营机制的策略动态调整。保障体系为规划体系指标的实现提供必要的条件支撑。评估体系监督整个民俗传统体育的传承与运行，并提出纠正意见。相应的，监管部门要对整个体系进行合乎逻辑的规范，并进行考核与评价，使其成为体系化的传承机制体系。评估结果决定了霸王鞭发展的长远走向。没有相应的管理体系，嘉峪关地区霸王鞭传承可能会陷入自生自灭的境地；组织体系的评估影响着群众参与运动的积极性，霸王鞭缺少群众参与，势必影响社会传承；保障体系的评估决定了运动发展过程中提供的保障结果，需要不断地反馈并修正，才能发现问题、纠正缺点。要对相应的政府部门进行评价与反馈，使嘉峪关地区霸王鞭传承体系形成闭环，实现霸王鞭传承的长远愿景。

（二）传承的物质基础

非物质文化遗产作为传统文化重要组成部分，承载着传统文化内涵，凝聚着民众的共同记忆、生活智慧和礼俗信仰。其保护与传承关系着文化命脉的继承、文化布局的延续和民族的振兴。嘉峪关政府长期致力于系统性保护，推动社会传承，大力营造以霸王鞭传统体育为代表的文化遗产发展新局面。在建立健全机制体系的基础上，还要对霸王鞭进行必要的物质保障，这需要嘉峪关政府在资金支持、场地设施、场地更新和活动宣传方面多维度发力，形成完整链条。然而目前，每年仅支持霸王鞭项目6000元，用于组织活动和更新设施；活动场地则临时借用文化广场，虽然霸王鞭活动对场地要求并不太高，但是从长远来看，专业场地及硬件配套设施也极为重要。

为更好地保护非物质文化遗产赖以生存的自然和文化环境，应将其保护纳入当地经济与社会发展规划。实践表明，非物质文化遗产保护与当地社会经济发展协同推进，既能助力地方社会经济建设，也能为嘉峪关霸王鞭传承提供物质保障。作为西北地区发展霸王鞭项目的重点区域，嘉峪关除政府提供的专项经费外，还需要社会企业家的参与、社会捐赠、相关产业的联动。只有经济上有了保障，才能加速相关场所及配套设施的建设，为当前急缺物质基础的民俗传统体育活动提供保障。

（三）传承的文化认同

中国传统文化的传承发展，首先要了解其文化背景，深入挖掘历史起源、发展脉络与基本态势。国家出台“一带一路”、乡村振兴等政策，强调在文化背景中去挖掘内涵，进行创造性转化和创新性发展，为文化传承提供了方向和路径。在“一带一路”框架下，我国体育非物质文化遗产的传承发展，必须依靠主体客体之间协同合作，实现最佳的效能。嘉峪关作为丝绸之路经济带上的咽喉要塞，在“一带一路”和丝绸之路文化融合的基础上，对霸王鞭项目传承而言，有了更深的文化价值。

乡村振兴工作重要任务之一是文化传承，并非单纯聚焦于物质建设，非遗是不可磨灭的文化记忆，也是文化传承工作的核心。就拿霸王鞭来说，其活动形式结合特定的乡村气息，展现出独特的魅力。在乡村振兴的大环境下，蓬勃发展的农村旅游业可以与文化传承紧密结合。这种文化与经济产业融合的发展模式，让游客从单一的观光转变为深度体验，通过生产劳动以及民俗技艺体验，输出农耕文化知识和经验，而不仅仅是体验农村的生活。更重要的是，人们能借助活动感受当地独特的风情。在体验乡村生活的过程中，建立对乡村文化的认同感与归属感，有助于民俗文化更好地传承。

近几年，嘉峪关文化馆成立后，关于霸王鞭的资料得到整理和收录，这有利于当地居民及学生理解霸王鞭文化。一方面，大众对霸王鞭的接受更加容易；另一方面，学生对文化自信有更深的感触。文化自信在嘉峪关霸王鞭传承发展中发挥着精神动力作用，政府对文化传播的重视也体现在嘉峪关每年的社火表演上，社火的繁荣彰显了非物质文化遗产传承发展的成果。政府通过多种方式让霸王鞭的传承突破单一局限，面向社会，走入校园，实现文化的传递。文化自信是传承发展的精神支柱，能够保障传承活动在群体中延续，并形成集体记忆传承，避免文化遗失。

（四）传承的多元方式

1. 师徒传承

资料显示，嘉峪关霸王鞭主要靠师徒形式传授，有学习兴趣的人员经过筛选之后可以学到霸王鞭的表演和道具的使用方法。但这种方式对霸王鞭的传承发展极为不利，所以应该寻找其他推广路径，让霸王鞭和学校体育、群众体育结合起来，实现霸王鞭等传统体育代代相传、生生不息。

2. 学校传承

小学阶段可以将霸王鞭的唱段和基础动作融入课间操，培养学生的多种运动技能和正确的价值观；中学阶段，根据学生的能力特点，进行专项训练，对于热爱霸王鞭且具有特长的学生，组织成立学生代表队，降低爱好者年龄层次，吸引更多年轻人参与；大学阶段，借助霸王鞭学习培养学生的崇高精神，锻造高尚人格，养成终身体育锻炼意识与习惯。

3. 新媒体传承

互联网时代，新媒体形式异常丰富，如直播平台、短视频平台等，既体现了当前科技的发展，又为传统文化传承提供了新的途径。在当下，短视频及直播平台已深度融入日常生活，打破了传统体育文化传播受限于方式、渠道的桎梏，使人人都能够“成为传统文化的传播者”，提高了传播的效率。在嘉峪关霸王鞭新媒体传承中，需要规划具体的、成熟的推广方案。比如，可以利用名人效应，邀请明星在短视频平台上推广传统体育运动，既可以推广大众性体育，也可以普及霸王鞭。还可以对霸王鞭的动作进行简化改编，开发减肥操、健身操等内容形式，在视频平台上发布。将霸王鞭舞蹈制作成各种微视频，以碎片化形式进行推广。

三、嘉峪关霸王鞭的现代化发展对策

作为传统体育项目的典型代表，霸王鞭经历了产生、发展、内容演变以及现代转型的漫长历程。随着社会的不断进步，霸王鞭需依据内外环境的变化实现转型，顺应社会潮流传承发展。要实现霸王鞭的现代化转型，应从以下几个方面入手。

（一）政府高度重视强化保障

传承和发展民俗体育文化，政府应提高重视程度，建立健全保障体系。首先，要建立政府保障体系，把发展体育文化事业纳入议程，设立专门的民俗体育文化管理部门或非物质文化遗产研究中心。对霸王鞭的传扬、保护、资源整合、挖掘等建立工作机制，明确工作责任，完善激励机制，激活工作效能，从而实现民俗体育文化的传承。其次，霸王鞭的传承活动、表演竞赛以及动作创新等，都需要组织机构进行统筹。这个组织机构需依托领域内权威组织或者专门机构，强化决策执行与规范制定，保障传承工作有序推进。最后，拓宽资金保障渠道。通过提高财政拨款和社会募集的方式，确保霸王鞭活动的投资不低于当地财政收入的自然增长率，发展资金专款专用，把好预算关，确保资金精准赋能。

（二）加强对霸王鞭传承人培养

霸王鞭的传承发展离不开人才的培育和大众的支持。

一是成立民间艺人协会，开展理论研究。具体措施包括：加强对嘉峪关霸王鞭项目的理论研究，组织老艺人和中青年爱好者进行艺术交流；壮大会员队伍，吸收有一定文化知识的中青年会员，依托各乡镇的文化体育站建立霸王鞭分会，为传承注入活力。

二是培育中青年艺术人才。依托乡镇文体站和学校，每年举办3～6期霸王鞭活动培训班，面向中小学的体育教师以及霸王鞭爱好者教学，培育基层文艺中坚力量，使其在乡村文化活动中充分发挥组织、指导作用，引领群众文化活动蓬勃发展，打造独具特色的民族文化风景线。

三是开展民间艺术交流活动。每年派出一两批艺术骨干赴知名的民间艺术之乡参观学艺，参加全国和全省的赛展活动；邀请知名人士举办讲座，提供指导，逐步提高当地队伍艺术水平。

（三）加大对霸王鞭项目的宣传力度

充分利用电视、报纸杂志、网络等媒体对霸王鞭活动进行大规模宣传，提高知名度，提升在民俗体育项目中的地位，推动舆论宣传工作，挖掘霸王鞭中蕴藏的体育文化信息。在“全民健身运动”中，推广霸王鞭项目，吸引更多的参与者，加入霸王鞭文化传承队伍。

（四）霸王鞭的社会化与市场化

提高霸王鞭活动的社会化程度，需要拓展活动范围，扩大活动规模。体育项目要想得到全面健康发展，必须依赖于广泛的群众基础、资金的投入和市场运作。霸王鞭项目可以通过表演获得一定的经济收入，并以此维持霸王鞭活动的长久发展。同时，要夯实群众基础，完成社会化进程，提高表演层次。霸王鞭表演不仅要保留传统的舞蹈形式、表演精神以及音乐节奏，而且要提高动作难度和表演技巧。可以邀请专业舞蹈家对霸王鞭的动作进行适配性调整，形成适合在课堂上进行练习的舞蹈形式。以校园为起点，逐步向全社会延伸，推动霸王鞭现代化转型，使其融入现代社会，并成为全民健身文化中的先进体育项目，为广大民众提供优秀的体育服务项目，提高霸王鞭的社会化及市场化程度。

（五）霸王鞭的制度化与规范化

中华民族的传统体育，经历了从传统走向现代、从国内走向世界的过程，这是人类文化演变和进步发展的两个基本方向。我们只有站在全球化的角度，才能找到传统体育发展的策略及在国际化过程中的正确态度；我们只有从人文的角度认知体育，才能让传统体育项目更有内涵、更有文化气息。健康发展需要制度的保证，完善的制度保证是霸王鞭等传统体育项目可持续发展的关键，健全的制度体系、物质保障、规则意识的规范化，是从多个维度支持非遗文化发展的有力措施。此外，传统体育文化与全民健身结合，会发挥更大优势和价值。政策的落实，需要靠基层组织和各类协会的配合，应该将霸王鞭纳入科学、有序的管理推广体系，使霸王鞭成为全民健身运动的推广项目，成为全民健身和学校体育的基础课程。

第四节　地方民俗体育数字化保护的探索

一、民俗体育数字化保护的可行性

随着科学技术的进步、传播手段的变革和新媒体平台的涌现，人类已经步入了信息化时代。2021 年 8 月中共中央办公厅和国务院办公厅印发了《关于进一步加强非物质文化遗产保护工作的意见》，要求非遗项目运用现代科技手段，通过文字、图片和影像记录，建立档案和数据库，为民俗体育非物质文化遗产数字化保护工作指明了方向。自此，民俗体育数字化保护工作迈入新阶段，并且在传统体育非物质文化遗产的挖掘、整理、数字建档以及数据库建设等方面已经积累了相当多的成果。

民俗体育数字化保护以数字化保护技术为支撑，包括数字采集与存储技术、虚拟现实和增强现实技术、动作捕捉技术、数字修复和再现技术等。过程中，多采用高精度数字摄影、三维激光扫描以及数据库存储技术对文化遗存进行存储。高精度数字摄影就是以光学数码相机及摄像机作为数字图像采集工具，记录自然风光、特色民俗和非遗相关数据，也是目前文化遗产保护工作者通常使用的记录手段。数据存储技术则将采集的相关数据进行归档储存。目前，数据存储技术是文化遗产保护工作中的关键且普遍适用的方法之一。在文化遗产保护工作中，运用虚拟现实、增强现实技术具有无可比拟的优势。它不仅能复原那些已经濒临消失的物质文化遗产，还能将文化遗产转换、再现、复原、再生。基于VR、AR技术，能够以图像、文字、音频等形式将信息原型转变为数字资源再现，让人们从新的视角对其进行解读，从而打开了文化遗产保护的新局面。在民俗体育保护过程中，动作捕捉技术也大显神威，能以每秒100帧的速率，对动作部位的运动轨迹进行实时记录，并将数据传输给计算机生成身体各部位的三维信息，从而将动作完整地复原，整套动作技术就能以3D动画的形式呈现给观众，让大家获得沉浸式的体验。

总之，相比于文字、录音录像等传统记录形式，动作捕捉技术在还原每组动作运动轨迹的同时，还实现了体育活动的数字化再现与3D重建；数字修复与再现技术则能让已消失的珍贵文化遗产重新回到人们的视野，实现遗产再现及数字化复原。

民俗体育数字化保护技术的可行性主要体现在以下方面。

（一）技术多样化

数字化保护技术可以把人们对文物的好奇心、求知欲通过虚拟互动形式予以满足。利用智能数字展柜，对于那些难以展示的珍贵文物可以采取虚拟空间、AR互动体验等形式，通过三维虚拟场景进行呈现，还能借助数字技术对损坏的珍贵文物进行虚拟拼接、复原和修复，通过多维视角还原文物和遗址的原本样貌。数字虚拟仿真打破了媒介、载体、时空的限制，能对文化遗产进行跨载体、跨时空呈现，给文化遗产注入新的活力和文化生产力。利用5G、AR、VR等技术手段，推出的《清明上河图》虚拟现实互动体验，就通过角色扮演、非遗体验、全息互动形式把用户带入了传统文化的世界；在敦煌博物馆，《数字敦煌》通过“5G＋AR”技术，让敦煌壁画“活”了起来，为大众带来了一场极具沉浸性的文化盛宴；天津博物馆的《智慧大运河》则利用“5G＋AR”让“运河”鲜活呈现，带来与众不同的文化体验。总之，数字化保护技术实现了对传统与创新的深度融合，为传统文化的传承提供了新途径。

（二）可操作性强

数字化保护技术是以计算机技术为基础衍生而来的，具备广泛的适用性与操作的便捷性，可以减少人力和物力的消耗。具体来说，就是通过计算机程序输入指令，可以将民俗体育文化遗产保存在数据库中，各种指令可以识别，并且通过平台进行传输，使计算机能够读取、查找和管理。后期只需简单地操作计算机，即可实现对非遗资源系统、安全地存储和长久地保存。

（三）动态化保护

受印刷条件的限制，传统保护手段仅停留在二维平面上。而数字保护技术已逐步从单面、静止状态向多维度、动态化过渡，打破了传统平面保护手段的局限，全方位地迎合数字时代用户的审美需求。它利用节奏和空间为用户搭建了一个自我想象的空间。在非物质文化遗产保护中，数字技术促进了文化艺术的进步与传播。应用数字采集、数字信息、数字修复、数字化展示等技术，实现了民俗体育文化资源在新时代背景下的转换与再现。例如，一些传统技艺难以呈现的动态过程，数字化保护技术可发挥重要作用。利用高清录音录像、多视角拍摄、多媒体演绎等技术手段，对民俗体育非遗资源可实现“高仿”再现。总的来说，数字保护技术促进了人们思维方式乃至思想观念的转变，将传统单一的平面图文信息以立体、动态的形式呈现在人们面前，创新“活化”了非遗，促进非物质文化遗产数字化保护的不断深化。

二、地方民俗体育数字化保护平台设计——以甘肃省为例

（一）地方民俗体育数字化保护平台的构建

借助互联网媒介，利用计算机分布式存储系统构建大数据处理模式，实现甘肃体育资源的全覆盖存储和数据的共享，打造从编辑、加工、存储、展示到共享的完整链条，搭建高效、动态且贴合用户需求的甘肃省传统体育数字化服务平台。同时积极构建甘肃省传统体育数字化保护平台，该平台主要通过互联网或者局域网搭建专业的数字化前台，以多媒体形式，在网络虚拟展厅展示甘肃省传统体育文化信息。具体内容包括如下六部分：第一，电子文件形式，将各项目的起源、动作技术、创始人、传承

人和传承发展情况进行记录，形成电子文件；第二，音频形式，将传承人传授的内容存储为 MP3、AAC、WAV 等格式，音频存储比较便捷，成本低、音质效果高，让用户足不出户即可在线收听相关体育项目；第三，建立图片数据库，通过摄影器材获取图片，经过数字化处理后供用户学习、参考使用；第四，采用视频素材进行数字化储存，方便用户全面、直观地观看动作的形态和完整的动作轨迹，对于甘肃传统体育的保护具有重大意义；第五，借助平台的 AR 和 VR 技术，利用光影动画效果，让用户沉浸式地了解甘肃民俗体育文化；第六，设立互动交流平台，方便用户在线交流互动，共享数据库，有效推广甘肃民俗体育。通过甘肃民俗体育数据库，可以更有效地推动甘肃民俗体育发展，延续其线上生命力。民俗体育数字化保护平台框架，如图 7-1 所示。

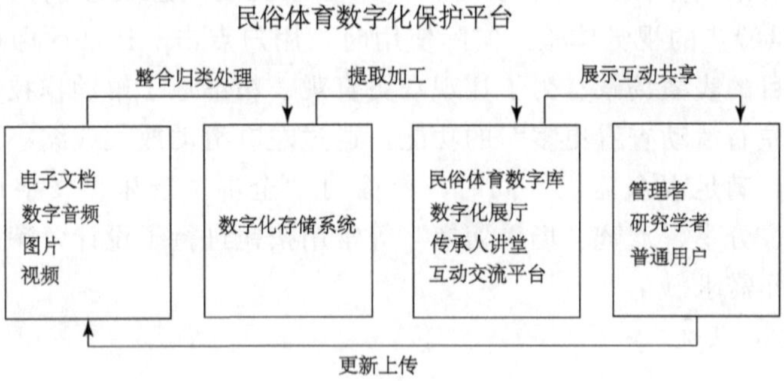

图 7-1　民俗体育数字化保护平台框架图

（二）地方民俗体育数字化保护平台功能模块

地方民俗体育数字化保护平台应包括用户管理、数据库、360 展览馆、传承人讲堂、数字化互动交流平台等功能模块。

1. 用户管理

用户管理模块主要负责对通过邮箱、微信、腾讯 QQ、新浪微博等账户注册的用户进行统一认证及管理。该模块提供用户添加、删除、重置用户密码、查看用户登录状态、统计用户登录次数及用户实名认证状态等功能，并能为每个用户分配不同的权限。通过系统设置可以对平台上的文章、语音、图片、视频、传承人、留言等进行管理，还可以进行界面皮肤管理，美化平台页面。

2. 数据库

数据库对收集到的文字、音频、图片、视频资源进行数据建档，将其转换成数字化信息并进行存储和管理，实现对信息收集、整理和管控的全流程覆盖。其中，文字资源以 ASCII 码进行编码转换存储，采用 PDF 格式；音频资料按照元数据规范分类存储，采用 MP3、AAC、WAV 等格式；图片资源以 JPG 格式存储；视频资料则采用 MP4 格式存储。

3. 360 度展览馆

360 度展览馆运用全景动画保护技术，由 AR 展厅、VR 展厅、光影动画展厅三大部分构成，是最普遍的非遗数字化保护手段。利用全景 UI 软件制作，加入若干体育项目图片，通过后台程序合成编辑，自动创建动画角色和场景，生成三维全景图。用户可以沉浸式感受虚拟世界，享受 360 度全景漫步的视觉体验。实际使用时，用户点击 AR 展厅即可观看民俗体育项目的表演场景。为了让观众更直观、精细地了解动作技巧，界面加入了“左右滑动查看更多”的功能，通过左右滑动放大或缩小画面查看动作要领，满足观众需求。同时，界面对“全屏、音乐、文字讲解、退出、留言、分享、点赞、场景切换”等常用按钮进行了设计，满足用户个性化的操作需求。

4. 传承人讲堂

民俗体育传承人讲堂是用户需求采集的平台，主要收集整理各个体育项目的口述史视频。点击进入甘肃省民俗体育传承人视频链接后，用户不仅可以查看相关报道，还可以使用下载和播放功能。此外，用户登录平台，系统会自动记录最后一次观看的进度，方便用户再次登录继续观看和学习。

5. 数字化互动交流平台

该模块以聚集用户和服务用户为主要功能，用户点击进入民俗体育数字化互动交流平台可浏览互动留言、民俗体育文创、最新资讯及民俗体育有奖征集栏目。可通过留言板查看并添加留言，与平台管理者进行交流互动。体育文创栏目主要收集用户对民俗体育项目中文化创意产品及衍生品的设计，并通过该栏目进行推送宣传，提升民俗体育项目的经济效益。最新资讯栏目实时提供文化遗产的最新动态和成果介绍，由后台管理人员完成文章的添加、删除、修改，实现文章分类管理检索。民俗体育有奖征集栏目鼓励用户对平台数据库中的体育项目错漏进行留言纠正，管理员核实后给予一定的奖励并在栏目中公示，增强用户的参与感，丰富数据库内容，确保数据的真实性。

三、民俗体育数字化保护的优化措施

通过建立数据库、完善数字化保护系统和技术规范、培养数字化人才、健全地方民俗文化数字化保护法律体系、拓展宣传阵地等措施，实现对甘肃省民俗体育的规范性保护和有效开发，为后续更规范地开展甘肃省民俗体育保护工作提供借鉴，实现甘肃省民俗体育的健康发展，助推传统文化保护工作取得更好成效。

（一）优化数据库构建，拓展数字化档案管理方法

数据库是对数据的采集、加工、存储、分类、编辑、管理的集合，支持多人浏览和共享。从最早的资料采集与整理，到如今的分类查询、数据分析及数据管理，数据库的应用功能不断升级。以数字化的方式，运用数据库对民俗体育等非物质文化遗产进行保护，并利用数字化建档的新手段，已成为当下文化遗产开发和保护的一种新路径。相比传统的资料保存手段，数字化建档更加方便，将整理好的文字、图片、濒危项目等全部转化为不同形态的数据资源进行分类保存，具有存储成本低、易于复制、安全保密、无损保存等优势，契合新媒体时代的特征，大幅提升了民俗体育保护的质量。具体步骤如下。

一是全面挖掘整理。以甘肃省民俗体育为主题，搜集文字资料、古籍、图片、手稿、传承人信息等原始材料，采用 Word 文档做好记录保存；同时收集的音频、视频文件可先进行转存并做好标记，便于后期继续完善更新。

二是打造“开放式”存储平台。把甘肃省的民俗体育和相关的非物质文化遗产录入数据库，为用户提供个性化的服务。同时，消除数据之间的壁垒，将分散在不同网站上的个人、协会和官方数据整合到专门的文化遗产数据库中，降低数据权限限制，提升数据的质量。

三是建立人机互动平台。数据库作为一个互动平台，通过设立专门的查询模块，方便用户轻松地进行查询、学习、参考、留言、共享和下载，从而在机构、政府和学者之间搭建起沟通的桥梁，充分发挥数据的价值。在此基础上，推广数据库建档的保护模式，为其他民俗文化的保护提供借鉴经验，也契合当前文化遗产保护的理念。

（二）健全数字化保护系统，制定数字化技术标准

为保障数据库建设顺利推进，提升应用成效，民俗文化与民间文化遗产数字化保护、动态化管理的技术标准构建至关重要。国家及地方的文化部门应加快制定标准化体系，参照国家档案局已发布的相关标准和规范，也可以参照国际通用的元数据标准，并结合当地文化特色补充和完善。同时，可以根据当地文化遗产情况，积极争取“民间传统文化保护工程”的支持，并把文化遗产的收集整理贯穿于数字化保护全过程。针对民俗文化的每一个领域，包括民俗体育、音乐舞蹈、传统手工艺、节庆、商贸习俗和人生礼仪等创建专业数据库，实现专业化存储、分类、保管，逐步建立起统一、科学、规范的管理技术标准，对各类遗产的详细情况、流传脉络、艺术风格、保护价值和变迁态势进行动态调查、整理，及时更新数字化档案数据资源。以文化管理部门为核心，构建国家—地方—县市三级数字化管理与储存体系，为社会各界提供便捷、高效、优质且个性化的本地民俗文化资料查阅服务。

（三）加强对人才的重视，培育具备数字化技能的多元化人才

保护传统文化是文化强国建设的重要关注点，数字化人才培养迫在眉睫。培养构建文化大国所需的“文化＋艺术＋科技”型数字化复合型人才体系，需要多方协同，全程发力。可以从以下几方面进行尝试。

第一，国家层面，应不断优化数字化人才的培养体系和管理模式，出台相关政策文件，规范培养秩序。鼓励专业人才学习国外先进的数字化技术，熟悉各种操作技术以及相关设备设施，为地方非物质文化遗产保护提供高效的技术支持。

第二，地方方面，地方政府应立足当地文化遗产的特点，建立涵盖文学、艺术学、民俗学、历史学、博物馆学、法学、计算机科学等多学科的专业人才队伍，培育兼具科学素养与实践经验，文史、文理、文艺贯通的“通才”，夯实基层数字化建设人才基础，推进文化遗产数字化保护工作。

第三，学校层面，高等学府应该创编地方特色教材，开设民俗文化知识、非物质文化遗产保护、现代信息技术等相关课程，让学生了解文化遗产对于现代化发展的重要性，同时，拓宽专业范围，强化专业课程建设，培养大批与地方文化事业共同发展的专业型人才。

第四，学者层面，学者应积极参与文化遗产的数字化保护研究工作，通过跨单位以及跨部门的合作，实现人才资源共享，助力数字化复合型人

才的培养实践。

（四）讲好民俗体育故事，扩大宣传途径

推动甘肃省民俗体育国际化，以生动的体育故事提升其在全球的影响力，需从三个方面发力。

第一，加强地方文化网站建设，丰富网站内部资源。一方面，构建民俗、民间艺术官方资源网站，以民俗文化、优秀民间艺术作为核心宣传内容，普及传统技艺，推动传统民俗体育文化的推广。另一方面，丰富网站资源，设立动态图文、VR/AR 实景模块，增加解说、查询、体验、浏览、下载等功能，优化用户体验。同时，组织网站工作人员积极参加培训，不断提高职业素养，推动网站数字人才职业化和专业化发展。

第二，创新民俗体育的传播方式和内容。可以在网络上发布文字、图片、视频以及民俗网站链接等宣传内容，增强民众保护非物质文化遗产意识，营造全民共同保护非物质文化遗产的氛围。利用微信、微博等媒介与用户沟通交流、分享信息、双向互动，提高民众对民俗体育的兴趣。在宣传时，要结合当地独特的自然资源和地理特征，实现人文与自然相融合，满足现代社会人们对健康生活的追求，为游客带来新鲜的体验，探索新媒体时代民俗体育传播新路径。

第三，以民俗体育为依托，结合当地自然景观和民俗节日，利用当地自然旅游资源和传统民俗的优势吸引游客参与，促进旅游业与民俗体育的深度融合与可持续发展。这不仅能够提高大众参与度，而且对民俗体育的宣传与发展也大有裨益。

参考文献

[1] 李先长．民俗体育文化传承与文化强国建设关系研究［M］．南昌：江西科学技术出版社，2021.

[2] 刘从梅．民俗体育与民俗体育文化［M］．南昌：江西高校出版社，2019.

[3] 杨明霞．闽南民俗体育教程［M］．厦门：厦门大学出版社，2020.

[4] 王晓飞．民俗体育文化的现代发展与开发研究［M］．北京：中国原子能出版社，2013.

[5] 彭金山，王知三．多姿风情：民俗卷［M］．兰州：敦煌文艺出版社，2010.

[6] 田华．民俗体育文化研究与探索［M］．长春：吉林文史出版社，2021.

[7] 张华江．汉水流域民俗体育文化概论［M］．武汉：湖北人民出版社，2021.

[8] 孙曦．文化软实力：我国的民俗民间体育［M］．长春：吉林大学出版社，2018.

[9] 袁伟民．体育科学词典［M］．北京：高等教育出版社，2000.

[10] 徐富平．非物质文化遗产视野下的甘肃乐舞［M］．武汉：武汉大学出版社，2022.

[11] 饶远，刘竹．中国少数民族体育文化通论［M］．北京：人民出版社，2009.

[12] 范丽萍．新编大学体育教程［M］．北京：航空工业出版社，2012.

[13] 闫艺．西北少数民族传统体育变迁与发展趋势研究［M］．厦门：厦门大学出版社，2013.

[14] 涂传飞，余万予，钞群英．对民俗体育特征的研究［J］．武汉体育学院学报，2005，39（11）：6－9.

[15] 廖勇胜．民俗体育旅游资源开发研究［J］．当代体育科技，2022，

12 (5)：10 - 12.
[16] 葛书林，代刚．民俗体育旅游资源整合开发评估体系构建［J］．中国人口·资源与环境，2021，31 (11)：165 - 176.
[17] 莫双溪．我国民俗体育旅游资源的开发与营销策略研究［J］．商场现代化，2019 (21)：127 - 128.
[18] 马振川，杨祥全．新质生产力赋能民俗体育旅游高质量发展研究［J］．体育文化导刊，2024，(12)：98 - 103.
[19] 栗婉瑶，贾朋社，李江涛，等．我国民俗体育旅游发展的机制与路径研究［J］．当代体育科技，2023，13 (31)：123 - 126.
[20] 聂晓梅，曲永鹏，易锋，等．我国民俗体育旅游资源优势及开发策略［J］．鄂州大学学报，2023，30 (1)：80 - 81，112.
[21] 刘奔越．广东省体育旅游资源空间结构及其优化策略研究［D］．广州：广州体育学院，2022.
[22] 汪新蕊．民俗体育旅游资源开发中政府职能研究：以恩施土家族苗族自治州为例［D］．武汉：武汉科技大学，2021.
[23] 段倩倩．基于 ACSI 模型的民俗体育旅游游客满意度研究：以太极文化旅游为例［D］．上海：上海体育学院，2022.
[24] 潘怡，姚绩伟．民俗体育旅游高质量发展价值、困境与策略［J］．体育文化导刊，2023 (2)：81 - 87，94.
[25] 张然，杨谦，胡姜，等．十堰民俗文化与体育旅游资源挖掘及融合发展研究［J］．当代体育科技，2023，13 (13)：108 - 111.
[26] 向庆林．文旅融合背景下鄂西地区民俗体育旅游产品的开发研究［D］．荆州：长江大学，2024.
[27] 李晖，周琥，王昭海，等．乡村振兴战略下体育旅游与民俗体育耦合的意义及策略研究［J］．当代体育科技，2024，14 (16)：107 - 109.
[28] 柯云翔，李煜．乡村振兴战略背景下乡村旅游与民俗体育融合路径研究［J］．内江科技，2024，45 (6)：88 - 90.
[29] 盛克庆，郭莉莉．民俗体育促进乡村振兴的理论逻辑与实现路径［J］．体育研究与教育，2024，39 (4)：1 - 7.
[30] 吴家发．乡村振兴战略下民俗体育活动与旅游业的有机融合研究［J］．佳木斯职业学院学报，2024，40 (4)：85 - 87.
[31] 乔露．民俗体育赋能乡村旅游的价值探究与优化策略［J］．村委主任，2024 (4)：121 - 123.
[32] 武弢．“非遗保护”视角下贵州省民俗体育旅游资源开发分析[J]．

当代体育科技，2021，11（6）：206－208.
[33] 赵子宽．“非遗”保护视野下民俗体育华蓥山滑竿抬幺妹的传承与发展[D]．南充：西华师范大学，2021.
[34] 郭瑞．“互联网＋”背景下河南省民俗体育旅游资源的开发[J]．旅游与摄影，2021（10）：48－49.
[35] 邓水坚．“互联网＋”湖南省农村民俗体育旅游资源开发与整合研究[J]．文体用品与科技，2020（22）：103－104.
[36] 朱斌，李延超．数字经济驱动民俗体育旅游产业高质量发展的机制、表现、困境与对策研究[J]．武术研究，2024，9（7）：115－118.
[37] 钟元博，房鹏飞．民俗体育文化资源的现代价值[J]．文化产业，2024（34）：126－128.
[38] 张翼．揭阳市区域性民俗体育文化资源与旅游融合的机遇与挑战[J]．文体用品与科技，2024（21）：65－67.
[39] 王振楷，郭安琪．我国民俗体育文化保护与传承的价值、现实困境与优化路径研究[J]．体育科技文献通报，2024，32（9）：268－270.
[40] 安志飞．民俗体育文化资源的整合及利用策略的研究[J]．运动精品，2022，41（5）：82－83，87.
[41] 王鹏杰．关于特色民俗体育文化与旅游产业的融合发展[J]．文化产业，2021（21）：157－158.
[42] 裴凯迪，周万斌，张亚晶．我国民俗体育文化及其资源的开发研究[J]．决策探索（中），2021（6）：89－90.
[43] 高玉飞．瓜州县“秧歌舞”民俗体育的传承与发展研究[J]．冰雪体育创新研究，2024，5（12）：180－182.
[44] 芦鹏，樊罡．基于现代化信息技术的民俗体育文化保护问题研究[J]．文体用品与科技，2023（14）：194－196.
[45] 王帅．鄂西土家族民俗体育数字化保护研究[D]．荆州：长江大学，2023.
[46] 肖斌．民俗体育文化的保护与传承研究[J]．文化产业，2022（29）：130－132.
[47] 殷楚桐．嘉峪关霸王鞭的流变与传承研究[D]．兰州：西北师范大学，2022.
[48] 郭敏进．古村落民俗传统体育文化遗产的保护与传承研究[J]．西部旅游，2022（4）：18－20.
[49] 刘淼，郭艳，张长念．北京天桥健身类民俗体育文化发展困境与优

化策略［J］．中华武术，2024（8）：125－128.
［50］吴伟玲，耿言，张长念．北京天桥民俗体育文化传承方式研究［J］．武术研究，2024，9（8）：114－116.
［51］耿言，张长念．北京天桥民俗体育文化保护现状研究［J］．中华武术，2024（7）：113－116.
［52］孙晓楠，郭艳，张长念．民俗学视域下北京天桥竞技类民俗体育项目的传承困境及纾解之路［J］．武术研究，2024，9（11）：129－131.
［53］陈文鹏，杨少强，张长念．北京天桥民俗体育项目分类发展探析［J］．武术研究，2024，9（10）：132－135.
［54］杨大鹏，黄丽．"一带一路"背景下我国民俗体育与旅游产业融合发展研究［J］．洛阳师范学院学报，2024，43（5）：43－47.
［55］赵明珠．民俗体育文化与当代旅游融合发展新风尚［J］．文化产业，2024（9）：22－24.
［56］庄园，张雨刚．价值审视与城市创新：民俗体育与旅游产业共生发展论绎［J］．湖北体育科技，2024，43（1）：99－102.
［57］龙异璟．我国民俗体育与乡村旅游产业融合发展研究［D］．长沙：湖南农业大学，2022.
［58］马骁．山西民俗体育旅游资源开发研究：以忻州"挠羊"为例［D］．太原：中北大学，2019.
［59］宋世英，李江涛．乡村振兴战略背景下海南民俗体育旅游发展模式［J］．当代体育科技，2022，12（22）：103－106.
［60］户俊钧．非遗背景下的道学村虎舞保护研究［D］．海口：海南师范大学，2024.
［61］何婧灵．小城镇民俗体育发展的路径依赖：以甘肃永昌县节子舞为例［D］．上海：上海体育学院，2023.
［62］马麒．多民族聚居区民间共生智慧：临潭民俗"万人扯绳赛"的功能解读［J］．文化学刊，2018（5）：55－58.
［63］柳静．甘肃临潭万人扯绳文化传承与发展研究［D］．兰州：兰州理工大学，2021.
［64］何晓丽，常瑞宏．铸牢中华民族共同体意识视域下锅庄舞价值意蕴与保护传承研究：以甘南州为例［J］．西北民族大学学报（自然科学版），2024，45（2）：74－78.
［65］何晓丽，常瑞宏．甘肃涉藏地区锅庄舞风格特征研究［J］．甘肃高师学报，2024，29（2）：133－137.

[66] 张书勇．马啣山秧歌的文化形态、社会功能和传承发展 [J]．兰州文理学院学报（社会科学版），2021，37（6）：10－16，143.
[67] 杨锡．甘肃榆中马衔山秧歌“男扮女装”形式研究 [D]．兰州：西北民族大学，2024.
[68] 石金蕊．探索甘肃马衔山秧歌 [D]．石家庄：河北师范大学，2014.
[69] 高旭．陇右传统武术壳子棍传承路径研究 [J]．当代体育科技，2021，11（24）：166－168.
[70] 高锦文．壳子棍传承与发展的主要困境研究 [J]．武术研究，2019，4（10）：69－71，88.
[71] 谭宇高．广西民俗体育文化与旅游产业融合路径研究：以南丹县为例 [D]．南宁：南宁师范大学，2023.
[72] 任波．当前山西民俗体育旅游资源保护 [J]．当代体育科技，2019，9（24）：202－203.
[73] 马飞．全域旅游创建背景下县域多类型民俗体育传承与发展：以安徽庐江县为例 [J]．体育科技，2022，43（2）：54－57.
[74] 丰自金．都江堰民俗体育与旅游业融合发展路径研究 [D]．兰州：西北师范大学，2024.
[75] 赵正．基于体育旅游的传统体育项目发展路径研究：以河东“背冰”运动为例 [J]．当代体育科技，2021，11（36）：149－152.
[76] 贺蕊，李刚刚，张长念．天桥民俗体育“赛活驴”的保护传承及启示 [J]．中华武术，2024（7）：125－128.